KB177150

나의 아버지께

어느 세계시민의
자발적 이란 표류기

김욱진 지음

로하니 취임부터 트럼프의 핵 협상 탈퇴까지,
고립된 나라에서 보낸 1,800일

슬로래빗

떠돌다
이란

왜 하필 이란이었을까요? 낯선 땅에서 긴 시간을 보내고 모국으로 돌아오니 오히려 조금 어색한 느낌도 듭니다. 5년 전, 어쩌면 저는 괜스레 오기를 부렸는지도 모릅니다. 하지만 검증되지 않은 곳을 가고 싶은 마음만은 분명했습니다. 서른 줄로 접어들면서 삶은 커다란 변화를 앞두고 있었습니다. 가정을 이루자마자 새로운 곳에서 힘을 합쳐야 했습니다. 기왕이면 철저한 이방인으로 살고 싶었습니다. 동시에 처절한 경계인이 되고 싶었습니다. 당시 제게 이란은 글자 그대로 '미지(未知)의 세계'였지만, 그만큼 가슴을 뛰게 하는 곳이었습니다.

주어진 삶의 터전은 생각보다 더 거칠고 투박했습니다. 미국으로 대표되는 서구의 효율성과 합리주의를 재빨리 흡수하며 살아온 한국의 젊은이에게, 이란에서의 삶은 하루하루 충격으로 다가왔습니다. 불평만 하며 지내다가는 인생을 낭비하겠다는 두려움이 문득 엄습해 왔습니다. 그때부터 페르시아어를 배우기 시작했고, 현지인들이 타는 싸구려 택시와 버스, 지하철을 애용했습니다. 바자르에서 흥정을 할 때면 이란 사람들처럼 푼돈이라도 꼭 에누리해 달라고 졸랐습니다. 소소한 경험이 켜켜이 쌓여 가며 조금씩 이란을 이해할 수 있었습니다.

이란에 대한 우리의 인식은 턱없이 모자랍니다. 다들 바쁘게 사는 와중에 먼 나라 이란까지 떠올릴 겨를이 없을지도 모릅니다. 그나마 종종 접하는 이란 소식도 대부분 서구 미디어의 시각이 반영된 결과물이지요. 꼭 한번 묻고 싶었습니다. 세계인의 입장에서 우리는 이란을 어떻게 바라보고 있는지. 핵 협상을 뒤엎으려 기존 합의를 '인정하지 않겠다'고 한 사람은 분명 트럼프 대통령이지만, 우리나라 언론의 기사 제목은 '세계의 화약고에 불을 지피는 이란'이었습니다. 저부터 반성해 봅니다. 그동안 미국을 위시한 서구 입장을 분별없이 받아들이지는 않았는지. 이제 우리도 우리의 눈으로 이란을 바라볼 때가 되었습니다.

저는 오래전부터 세계시민으로 살고 싶다는 꿈이 있었습니다. 그 첫걸음은 균형감을 가지고 세계에서 벌어지는 일에 귀 기울이려는 시도라고 생각합니다. 제게 이란에서의 5년은 몰랐던 세계를 알아간다는 것이었습니다. 이란 사회 안팎에서 일어나는 일을 피하지 않고 한껏 부딪치면서 제 나름의 해석을 마련하려고 애썼습니다. 많이 부족했지만 그렇기에 용감하게 접근할 수 있었습니다. 이 책은 그 고민의 산물입니다.

이란에서 제 몸과 마음은 계속 떠돌았습니다. 자의 반 타의 반으로 외부 세계와 단절된 이란에 머물다 보면 주기적으로 가슴에 응어리가 생겼습니다. 그럴 때마다 밖으로 나가서 새로운 공기를 쐬고 돌아와야 했습니다. 고산병에 시달리는 산악인 신세나 마찬가지였지요. 잠깐 산에서 내려와 기운을 회복하면 다시 발걸음을 옮기는 그들에게 무슨 거창한 이유가 있겠습니까. 그저 산이 보이니까 묵묵히 오르고 또 오르는 것이지요.

돌이켜보니 제게 이란은 높은 산과 같은 대상이었습니다. 오르다 보면 숨이 턱턱 막히지만 나도 모르는 사이 산속을 헤매고 있는 자신을 발견했습니다. 어쩌면 처음부터 이란을 떠돌 운명이었는지도 모르겠습니다.

✽ 책 작업을 마무리하던 중, 갑작스레 아버지를 잃었습니다. 살아계실 때는 그리도 아버지의 그늘을 벗어나고 싶었는데, 막상 아버지의 그림자조차 찾을 수 없게 되니 하루하루가 무겁게 다가옵니다.

아버지의 빈자리를 채우는 노력은 이제 온전히 나의 몫으로 남았습니다. 당신의 인생에서 삶을 치열하게 마주하는 용기를 보여주신 나의 아버지께 이 책을 바칩니다.

CONTENTS

Ⅱ 이란을 살다

1
이란을
가다

나는 왠지
이란을 가고 싶어

결혼을 했다. 신혼여행을 다녀오면 해외 근무지가 결정될 참이었다. 발령을 앞두고 할 수 있는 건 딱히 없었다. 어디든 가야 한다는 마음의 준비가 전부였다. 회사 특성상 우리나라와 외국을 번갈아 근무해야 하므로 어디든 명령이 떨어지면 받아들여야 했다.

수요조사를 할 때 후보지를 쭉 훑어보았다. 다들 원하는 곳은 빤해 보였다. 대부분 미국과 유럽, 동남아시아를 선호했다. 나라고 뾰족한 수가 없었다. 하루하루 고민은 깊어졌다.

더 이상 나만 생각할 수 있는 처지가 아니었다. 곁에는 아내가 있었다. 퇴근하고 오면 좁은 신혼집을 나와서 아내와 함께 무작정 걸었다. 결혼한 지 한 달 만에 낯선 곳에서 새로운 삶을 마주해야 했다. 그리고 그곳이 어디가 될지 아무도 몰랐다. 많은 이야기를 나눴다. 나는 남들이 잘 모르는 곳에 가고 싶다고 했다. 당신의 행복은 책임질 수 있지만, 편의는 보장할 수 없을지 모른다고 말했다.

문득 이란을 가야 할 것 같다고 생각했다. 당시 이란에 대한 나의 정보는 전무했고, 그렇기에 더욱 가야겠다는 무모한 마음이 들었다. 고민을 거듭할수록 심증은 굳어졌다. 많이 알려진 곳은 내 자리가 없을 것 같았다. 최소 4년은 근무할 텐데 돌아올 때쯤 전문가 행색은 할 수 있어야 체면이 서지 않겠는가.

치기 어린 고민의 결론을 아내에게 섣불리 말하지 못했다. 회사에도 적극적으로 어필할 수는 없었다. 테헤란은 위험한 곳이라고들 했다. 그럴수록 오기가 생겼다. 직접 겪어 보지 않고 하는 말은 공허하게만 들렸다. 하지만 치안과 직결되는 부분까지 흔쾌히 양보하기는 어려웠다. 북유럽을 지원한다고 밝혔지만, 이란에 가고 싶은 생각은 여전히 남아 있었다.

아내에게 솔직하게 털어놓았다. 왠지 이란을 가야 할 것 같다고. 합리적으로 설명하라고 하면 가지 않아야 할 이유가 더 많겠지만, 색다른 형태의 삶이 기다리고 있을 것 같다고. 고맙게도 아내는 겉으로나마 동의하는 시늉이었다.

인사발령이 나던 날, 집안 분위기는 고요했다. 가족이라고 해 봐야 둘밖에 없었지만. 이제 이란 근무는 현실로 다가왔다. 막상 결정하고 나니 홀가분함과 동시에 막막함이 밀려왔다. 아내에게 밖으로 나가서 걷자고 했다. 아내에게 말했다. 닥치지 않은 어려움을 미리 걱정하지 말자고. 나 자신에게 하는 다짐이나 다름없었다. 그리고 언제나 힘을 합치자고 약속했다. 혼자가 아니라 둘이므로 새로운 전형을 만들어 낼 수 있을 거라고, 나는 자신 있다고 큰소리쳤다.

집으로 돌아오는 길에 마트에 들러서 맥주를 샀다. 나는 무알콜로 마시겠다고 고집을 부렸다. 이란에는 술이 없을 테니 무알콜 맥주에 미리 적응하겠다는 거창한 포부였다. 노래방에서나 이따금 마시던 무알콜 맥주를 내 손으로 직접 사다니. 맥주를 너무 좋아해 '맥킬(맥주 킬러)'이라고 불리던 나였다. 밍밍한 무알콜 맥주를 목에 넘기면서 나의 미래를 떠올렸다. 언젠가 지금을 추억하는 순간이 올 것이다. 먼 훗날, 나는 이 장면을 어떻게 기억할 것인가.

2013년 6월, 호기롭게 이란에 도전장을 내밀었다.

02

이란은
아랍이 아니라고?

이란 근무가 확정되고 출발하기까지는 두 달 여유가 있었다. 주말마다 가까운 친구들을 만나 발령 소식을 전하기에도 모자란 시간이었다. 대학 동아리 모임에 참석해서 이란으로 가게 되었다고, 아랍 국가는 처음이라 어떨지 모르겠다고 싱숭생숭한 마음을 전했다. 그때 한 친구가 슬며시 미소를 지으며 말했다.

"이란이라고? 이란은 아랍이 아니야."

대학 시절 이집트에서 어학연수를 할 정도로 중동에 관심이 많은 친구였다. 이란은 중동에 있는 이슬람 국가지만, 아랍은 아니라고 친절히 덧붙였다. 괜스레 얼굴이 붉어졌다.

집에 오자마자 인터넷을 검색해 보니 이란은 인종적, 문화적으로 페르시아였다. 7세기 아랍의 침략으로 이슬람을 받아들였지만, 1935년까지는 나라 이름이 페르시아였을 정도로 고대 페르시아 제국의 자부심을 여전히 가슴에 품고 살아가고 있다고 했다. 아랍 국가와는 이렇게 정체성이 다를 뿐 아니라 아랍 문화를 한 단계 아래로 보기 때문에 아랍인이냐는 질문을 불쾌해하는 경우까지 있다고.

결정적으로, 이란은 아랍어가 아닌 페르시아어를 쓴다는 사실을 알고 쥐구멍에라도 숨고 싶었다.

무식하면 용감하다고 했던가. 아무런 배경지식도 없이 무작정 가려고 한 내가 우습게 느껴졌다. 이란에 가고 싶었던 이유는 잘 알려지지 않은 나라를 알고 싶어서 아니었던가. 마음가짐을 새로이 하고, 얼마 남지 않은 기간이라도 기본적인 페르시아어 표현을 익히고 이란에 대해 공부해야겠다고 생각했다.

인터넷에는 이란 정보가 많지 않았다. 날을 잡아 대형서점으로 향했다. 시중에는 언어, 역사, 문화 등 이란 관련 책이 몇 권 나와 있었지만, 내 눈길을 끈 것은 '로제타스톤Rosetta Stone'이라는 언어 학습 프로그램이었다. 영업사원이 매장 한쪽에서 스크린을 설치해 놓고, 아기가 언어를 배우는 방식에 착안해 개발된 것이라며 판촉에 열을 올리고 있었다. 주로 판매하는 언어는 물론 영어였다. 그래도 별의별 언어가 다 있다고 홍보하길래 슬쩍 떠봤다.

"페르시아어 버전도 있나요? '파르시Farsi'라고 하는 이란말이요."

영업사원은 매대 안쪽을 살펴보더니 고개를 끄덕였다. 아랍어에 비하면 확실히 소수 언어인 페르시아어판까지 있다니, 귀가 솔깃해졌다.

하지만 프로그램 가격을 듣고는 깜짝 놀랐다. 무려 수십만 원이라고 했다. 발령까지 받은 마당에 이 정도 투자도 못하랴 싶다가도 너무 비싸다는 생각이 들었다. 언어는 큰돈 안 들이고 배울 수 있다는 것이 평소 지론이라 값비싼 프로그램에 의지하기가 꺼림칙했다. 몇 번 집었다 놓았다가를 반복하다 결국 사지 않고 돌아섰다. 정 필요하면 더 고민해 보고 살 생각이었다.

품을 파니 의외로 인터넷에 파르시 학습 교재가 많았다. 출국 전까지 유튜브 채널을 하나 정해서 틈나는 대로 따라 하면서 문자도 익혀 나갔다.

문자만 보았을 때 페르시아어는 아랍어와 큰 차이가 없어 보인다. 아랍의 침략으로 651년에 사산 Sasan 왕조 페르시아가 멸망하고 이슬람화되는 과정에서, 아랍 문자 28개를 차용하고 아랍어에 없는 p, g, ch, zh 발음 문자를 4개 추가하여 표기 체계를 완성했기 때문이다. 하지만 이전에도 페르시아 고유의 말이 있었기에 문법, 어휘, 발음, 표현 등에서 확실한 차이를 보인다. 이란인과 아랍인이 만나면 소통이 불가능할 정도란다. 그럼, 말 다한 것 아니겠는가.

03

이란에는
없는 게 없어

발령 이후, 회사에서는 국외 근무에 필요한 교육을 개설했다. 온종일 수업을 듣고 과제까지 해야 하는 녹록지 않은 과정이었다. 동료들의 눈에는 기대감과 긴장감이 공존했다.

나라고 다를 바 없었다. 출국일이 점점 다가오고 있었다. 근무를 마치고 돌아온 선배들은 현지에 도착하면 곧바로 일을 시작해야 한다고 했다. 곱씹을수록 무서운 말이었다.

떠날 준비를 하면서 현지에 있는 선배와 종종 통화했다. 내가 도착하면 한국으로 복귀할 선배였다. 회사에서는 전임자와 후임자로 표현했다. 선배는 물자가 부족하니 한국에서 컨테이너를 보낼 때 뭐든지 최대한 많이 사서 부치라고 했다. 궁금한 점이 생기면 언제든지 물어보라고도 덧붙였다. 궁금증이 태산같이 쌓여 갔지만 일일이 물어볼 수도 없는 노릇이었다. 선배는 조만간 이란인 직원이 한국으로 출장을 간다며, 시간 내어 만나 보라고 조언했다. 다행이었다.

그렇게 이란인 직원을 회사 근처 식당에서 만나게 되었다. 당당한 모습이 아주 인상적인 친구였다. 밥을 먹으며 고충을 털어놓았다. 무엇을 준비해야 할지 고민이라고. 무엇을 사가야 할지 감이 안 선다고. 그가 의외의 답변을 내놓았다.

"이란에는 없는 게 없어."

없는 게 없다고? 오랜 경제 제재 탓에 민생이 파탄 나기 일보 직전이라고, 바로 전날 신문기사에서도 분명 읽었는데…. 나는 혼란스러웠다. 뭐든 많이 사 오라는 선배의 조언과 와 보면 없는 게 없다는 직원의 말은 분명 양극단에 있었다.

이란 갈 준비를 하면서 내가 지향하는 삶의 방식에 대해 진지하게 생각해 보았다. 나는 왜 이란에 가는가, 외국 근무를 하는 이 회사에 들어온 까닭은 무엇인가. 고민을 거듭하니 답은 나에게 있었다.

대학을 졸업할 즈음, '세계시민'으로 살고 싶다는 목표가 있었다. 세상은 넓고 할 일은 많다지만, 여행이나 출장을 많이 다닌다고 저절로 세계시민이 되는 건 아니다. 세상에 존재하는 여러 삶의 형태를 체화해야 세계에 대한 이해가 한층 넓어지는 것이다. 나는 결심했다. 일을 하면서 다양한 곳을 살아내야겠다고.

현지인과 여행객의 중간자적 시각을 갖고 싶었다. 한 지역에서 4~5년을 산다면 새로운 통찰을 찾아낼 수 있을 것 같았다. 현지인들은 익숙한 일상이라서 놓치고 있는 부분과 여행객들은 짧은 시간 머물다 가기에 발견할 수 없는 틈을 중간자가 되어 메우고 싶었다.

이란에 관심을 가진 것 역시 막연하게나마 중간자적 시각을 갖기에 좋은 대상이라고 생각했기 때문 아닌가. 초심을 잃지 않기로 했다. 생각하는 대로 살지 않으면 사는 대로 생각하게 된다는 말이 떠올랐다. 정신이 번쩍 들었다.

세계시민이라는 원대한 포부를 품고 입사했다면, 한국에서 익숙해진 삶의 방식을 버려야 했다. 짐부터 줄이기로 했다. 생활에 필요한 기본 물품은 이란에도 있을 거라고 믿는 수밖에 없었다.

"품질이 좀 떨어지면 어때? 부귀영화를 누리러 가는 게 아니잖아. 한정된 시간을 살아내야 한다면 최대한 현지 방식을 따라 보는 거야."

흔들릴 때마다 아내에게, 그리고 나 자신에게 말했다.

04

이집트와 이라크를
헷갈리다니

짐을 싸고 일정을 조율하면서 시간은 금방 흘러갔다. 곧 떠나는 것이 조금씩 실감 났다. 꽤 긴 기간 한국을 벗어나 있을 참이었다. 떠나기 전에 나만의 의식을 치르고 싶었다. 아무도 알아주지 않더라도 스스로가 내 업무 분야의 국가대표라는 자부심이 필요했다. 평소에 즐겨 듣는 라디오를 통해 출정식을 해야겠다는 생각이 문득 들었다. 결혼 전, 라디오로 프러포즈까지 했던 나 아니던가.

KBS 라디오 퀴즈 프로그램에 참가 신청을 했다. 담당 작가로부터 금세 연락이 왔다. 곧 이란으로 떠난다 하니, 며칠 후 전화 연결을 하겠단다. 자신 있다고, 상금을 받으면 어디에 쓸지 미리 고민해 보겠다고 호기롭게 농담까지 던졌다. 매일 신문을 훑어보았기에 웬만한 시사 상식 분야는 자신이 있었다.

하루에 한 번씩 다섯 번을 연달아 이기면 퀴즈왕이 되는 방식이었다. 물론 목표는 퀴즈왕이었다.

디데이가 되었다. 방송국에서 미리 전화를 걸어와 통화 연결 상태를 점검했다. 막상 방송이 시작되니 조금 떨렸지만 애써 평정을 찾았다. 먼저 이란 근무를 준비하는 직장인이라고 소개한 후, 페르시아어로 '안녕'을 의미하는 '살람Salam'을 구호로 정했다. 상대는 나보다 나이가 많은 자영업자였던 걸로 기억한다.

처음 문제는 최신 국제 정세였다. 게다가 중동. 나는 속으로 쾌재를 불렀다. 발령 난 이후로는 중동 소식을 유심히 살펴보던 터라, 분명 유리해 보였다. 문제는 평이했다.

"아랍의 봄을 거치며 무바라크에 이어 최근 무르시 대통령까지 축출한 나라는 어디인가?"

"살람!"

문제를 끝까지 듣지도 않고 구호를 외쳤다. 정답은 이집트. 며칠간 국제 뉴스를 뒤덮은 소식이라 모를 리 없었다. 하지만 내 입에서 나온 대답은 허무하게도 '이.라.크.'였다.

"이라크요?"

진행자가 되물었다.

"앗, 이집트요. 정정하겠습니다."

"땡!"

"문제 끝까지 드리겠습니다. 퀴즈 규칙상 한번 말한 답은 번복할 수 없습니다."

상대방은 끝까지 차분하게 문제를 듣고 구호를 외쳤다.

"정답은 이집트입니다."

"딩동댕!"

누구도 탓할 수 없었다. 이집트와 이라크를 헷갈리다니. 처참한 기분이었다. 망치로 머리를 한 대 얻어맞은 것처럼 멍해졌다. 퀴즈는 세 문제 중 두 개를 먼저 맞히는 사람이 이기는 방식이었다. 충격이 너무 커서 나머지 문제도 잘 들리지 않았다.

"김욱진님, 끝으로 한 말씀 해 주시죠."

"아는 문제를 틀려서 아쉬움이 남지만, 중동에서 차분하게 생활하라는 뜻으로 받아들입니다. 잘 준비해서 건강하게 살다가 돌아오겠습니다."

"기회가 되면 이란에서 다시 한 번 참가해 주십시오. 고맙습니다."

최종스코어 0:2, 보기 좋게 1회전에서 탈락했다.

전화를 끊고 나니 아직 갈 길이 멀다는 생각이 몰려왔다. 창피함은 둘째였다. 그야말로 맨땅에 헤딩하듯이 접근하는 수밖에 없었다. 이 실패를 가슴에 새기기로 했다.

'이란에서 살다 보면 많은 어려움에 맞닥뜨릴 것이다. 성취감을 느끼는 순간보다 좌절을 겪는 일이 더 많을지 모른다. 그때마다 오늘을 떠올리자. 이집트와 이라크도 제대로 구분 못 하는 내가 어디까지 도달할 수 있는지 시험해 보자.'

절박한 마음이었다.

05

이란,
북한과 친한 나라?

"이란? 거기 북한과 친한 나라 아니냐?"

근무지가 결정되고 아버지가 보인 첫 반응이었다. 우리가 이란에 대해 보편적으로 갖고 있는 인식 중 하나이며, 나라고 다르지 않았다. 위험한 곳, 핵 개발, 반미, 악의 축⋯. 이런 부정적 이미지가 대부분을 차지했다.

2002년 부시 행정부가 처음 악의 축으로 지정한 나라는 세 곳이다. 이란, 이라크 그리고 북한. 나중에 시리아, 리비아, 쿠바까지 포함되었지만, 미국 입장에서 악의 축을 대표하는 국가는 누가 뭐래도 이란이었다. 당장 이란에서 살아야 할 처지가 되니 그동안 무심코 받아들인 통념을 의심해 보았다.

이란은 왜 악의 축일까. 이란이 내게 준 피해는 무엇일까. '나'라는 범위가 너무 좁은 개념이라면, 이란이 그동안 우리나라에 안긴 타격은 무엇일까. 악의 축은 철저히 미국의 입장에서 바라본 시각은 아닐까. 이런 게 바로 힘의 논리가 지배하는 국제 관계라는 건가.

이란과의 인연을 곰곰이 떠올려 보니 전혀 없던 게 아니었다. 대학생 때였다. 군 복무를 마치고 교환학생을 지원했다.

'이왕이면 영어권 국가에 가야지, 미국은 흔하니까 영국으로. 박지성, 이영표가 뛰는 프리미어리그도 직접 보고, 좋아하는 맥주도 실컷 마시는 거야.'

이런 단순한 마음이었지만, 그 이상 거창한 동기를 찾기도 힘들었다. 어렵사리 기회가 주어졌고, 영국의 소도시 노팅엄Nottingham에서 1년간 공부하게 되었다. 세계에서 가장 오래된 술집도 노팅엄에 있었다.

영국 물가는 그야말로 살인적이었다. 특히 서비스 비용이 엄청났다. 나를 포함한 유학생들의 가장 큰 고민은 이발이었다. 웬만한 미용실은 30파운드가 훌쩍 넘는다고 했다. 당시 환율로 따지면 오만 원이 넘는 큰돈이었다. 단돈 5파운드면 스포츠머리를 깎아 주는 곳이 있다는 정보를 얻었다. 학교 후문 뒷골목을 따라 올라가면 나오는 이민자 동네 이발소였다. 흔히들 '바리깡'이라 부르는 이발기로 밀어서 스타일은 못 살리지만, 이미 따질 계제가 아니었다.

수업이 비는 시간을 이용해 홀로 이발소를 찾아갔다. 영국 특유의 우중충한 분위기에 어느 정도 적응한 때였는데도, 가는 길이 매우 험했던 것으로 기억한다. 인도, 파키스탄 사람들과 아랍계 이민자도 많이 보이고, 이슬람 율법에 따라 가공한 할랄Halal 슈퍼마켓도 있었다. 썩 잘사는 동네는 아니었다. 언뜻 봐도 껄렁한 친구들의 시선을 애써 무시하며 앞만 보며 걸었다. 혹시 변을 당하지나 않을까 걱정되었지만, 발을 빼기에는 너무 멀리 와 버렸다.

"얼마예요?"

"4파운드."

분명 5파운드라고 했는데, 이 집이 맞나 하며 엉거주춤 문 앞에 서 있었다. 건장한 체구의 대머리 아저씨가 들어오라는 눈짓을 보냈다.

'에라, 모르겠다. 싸면 좋은 거지.'

여전히 긴장을 풀지 않은 채 뻣뻣한 자세로 의자에 앉았다.

"어떻게 깎아 줄까?"

"아저씨랑 똑같이 빡빡 밀어 주세요."

바리깡을 준비하던 아저씨가 침묵을 깨고 먼저 물었다.

"너 어디서 왔니?"

"한국이요."

"남한? 북한?"

"남한이요. 아저씨는요?"

"나는 이란."

"거기 위험하지 않나요?"

아저씨가 허허 웃었다.

어린 마음에 현지인들이 국적을 두 번씩 물으면 그렇게 싫을 수가 없었다. '코리아'라고 말하면 '사우스? 노스?'가 양념처럼 따라왔다. 처음에는 '저스트 코리아'라고 오기를 부리다가 나중에는 아예 '이스트 코리아'에서 왔다고 일부러 딴죽을 걸기도 했다. 이발사 아저씨에게 이란은 위험하지 않냐고 도발한 것도 비슷한 연유에서였다.

아저씨의 웃음 뒤에는 묘한 여운이 남았다. 내막을 알 수 없었지만 자조 섞인 미소로 읽혔다. 한국을 분단국가로 받아들이는 현지인들의 반응만큼이나, 이란은 위험한 국가라는 인식이 지배적이었다.

하지만 내가 남북한을 구분하는 질문에 예민한 반응을 보인 것과 반대로 이발사 아저씨는 체념한 듯 아무렇지 않아 보였다. 이후 머리를 다 깎을 때까지 별다른 대화는 없었다. 어색한 분위기를 피하려고 서둘러 이발소를 빠져나왔다.

이란행이 결정되자 오랫동안 잊고 있었던 기억이 되살아났다. 내가 직접 겪은 이란 경험이라고는 저게 전부였다. 이발사 아저씨는 큰 덩치가 무색하게 착하고 순박해 보였는데, 이란은 정말 위험한 곳일까. 이란 사람은 호전성이 강한 민족이라고 하던데, 사실일까. 많은 물음이 머릿속을 스쳐 지나갔다. 인터넷을 검색해 봐도 우리 언론에서 다루는 이란은 대부분 부정적인 정보 일색이었다. 우리 언론이 주로 미국이나 유럽발 기사를 인용해서 그럴 것이다.

개인으로 한정하여 생각해 보면 한 나라에 대한 시각은 사소한 경험에서 비롯되는 경우가 많다. 여행지에서 누구를 만나느냐, 어느 외국인 친구를 사귀느냐에 따라 그 나라의 호감도가 달라진다. 작은 체험을 축적해 나가면서 어느덧 그 나라에 대한 인상이 결정되기 때문이다. 그런 면에서 이란을 판단할 수 있는 준거가 나에게 아무것도 없었고, 인터넷에는 나와 거리가 먼 거시적 자료만 넘쳐 났다. 공감이 가지 않았다.

언론에서 말하는 부정적 이미지에 휩쓸려 편견을 가져서는 안 되겠다고 생각했다. 미디어를 통해 받아들인 이란은 미국을 비롯한 서구 주요 국가의 입장과 시각이 반영된 결과나 다름없었다. 그렇다고 이란의 입장만 수용하려는 오류도 동시에 경계해야 했다. 어느 쪽이든 한쪽에 서면 편향될 수밖에 없을 테니.

내게 이란은 어떤 존재로 자리 잡게 될까. 한국인인 나는 이란을 어떻게 바라봐야 하나. 과연 이란에서 무슨 가치를 발견해서 사람들과 나눌 수 있을까. 대학생 때 만난 이란인 이발사를 떠올리다 보니 질문이 꼬리를 물고 이어졌다.

확실한 것은 어떠한 접근도 나의 정체성과 체험을 떠나 이루어질 수 없다는 사실이었다. 이란에 대한 식견을 갖추려면 학식과 견문이 필요했다. 학식이 학문적 지식이라면 견문은 개인적인 체험에 해당한다.

'이란에 가면 최대한 많이 보고 들어야겠다. 보는 건 그렇다 쳐도 들으려면 언어가 필요하겠구나.'

틈날 때마다 유튜브로 페르시아어 표현을 외웠다.

06

침대 축구와
천국의 아이들

"이란보다는 우즈베키스탄이 월드컵에 나갔으면 좋겠다."

2013년 6월, 브라질 월드컵 최종예선 마지막 경기를 앞두고 최강희 감독은 언론 인터뷰에서 이란을 대놓고 모욕했다. 비겨도 진출할 수 있는 우리나라와 꼭 이겨야만 하는 이란의 대결이었다. 이란과 경쟁하는 우즈베키스탄은 여유로운 우리가 이란을 꺾어 주길 바랐고, 최강희 감독은 우즈베키스탄의 입장을 충분히 알아들었다는 제스처를 취했다.

평소 같으면 목이 터져라 한국을 응원하며 경기에서 눈을 떼지 않을 나였다. 하지만 이번에는 달랐다. 나의 모국과 내가 꽤 긴 기간을 살아야 하는 나라의 대결이었다.

결정적으로, 월드컵이 열릴 때면 이란에 있을 것 아닌가. 이란에서 보는 월드컵은 어떤 느낌일까. 이란 사람들이 월드컵을 어떻게 즐기는

지 직접 겪어 보고 싶었다. 그러려면 한국과 이란이 모두 월드컵에 나가야 하니, 나에겐 무승부가 온당했다.

그렇다. 최강희 감독과 나는 생각이 달랐다. 내 입장에서는 우즈베키스탄보다는 이란이었다. 방향을 정했다고 편하게 경기를 볼 처지가 결코 아니었다. 양 팀이 치열한 공방을 펼치고도 골은 터지지 않는 시나리오가 최선이었다.

막상 경기가 시작되자 한국이 일방적으로 공격을 주도했다. 최강희 감독의 별명이 '닥공(닥치고 공격)' 아니던가. 이란은 한국팀의 공격을 막아내기에 급급했다. 전반전 내내 이란이 골을 먹지나 않을까 조마조마했다. 다행히 0:0으로 하프타임을 맞이했다.

이란 국가대표팀 감독은 카를로스 케이로스였다. 케이로스는 맨체스터 유나이티드에서 퍼거슨 감독을 보좌한 수석코치 출신으로, 실력파 지도자이자 심리전에 매우 능한 '여우'나 다름없다. 최강희 감독의 발언으로 전의를 불태우던 이란 대표팀을 더욱 자극한 건 바로 케이로스였다. 우즈베키스탄 유니폼을 입은 최강희 감독 사진이 인터넷에 떠돌았다. 케이로스가 직접 합성한 것이었다. 원정 온 이란 선수들의 사기를 북돋우고, 한국 대표팀을 자극하려는 심리전의 일환이었을 것이다.

그러나 케이로스의 도발이 무색할 정도로 한국이 일방적으로 몰아붙였다. 전반전만 하더라도 말이다. 문제는 골이었다. 여느 나라라고 안 그렇겠냐만, 한국 축구의 고질병은 골 결정력 부족 아니던가. 전반전이 끝날 때까지 골이 나지 않아 불안했는데, 후반전에 결국 우려했던 일이 벌어졌다. 수비에 치중하던 이란이 역습 한방으로 골을 만들어 냈다.

그 후로 경기가 끝날 때까지 30분간, 이란은 더욱 두터운 빗장을 걸고 수비만 하다시피 했다. 이란의 작전은 성공했고, 우리나라가 오히려 월드컵 진출을 걱정해야 하는 순간이 왔다.

다행히도 한국은 골 득실차에서 우즈베키스탄을 한 점 앞서 가까스로 러시아 월드컵 진출 티켓을 따냈다. 마지막 경기가 끝나고 성대한 출정식이 계획되어 있었지만, 경기장 분위기는 초상집이나 마찬가지였다. 반면 이란 대표팀은 남의 잔치에 와서 제대로 찬물을 끼얹은 격이었다. 우리 축구팬들은 이란이 막판에 침대 축구를 했다고 힐난했지만, 스포츠는 결과로 말하는 법이다. 얼싸안고 좋아하는 이란 선수들이 단지 얄미울 뿐.

한국과 이란이 모두 월드컵에 진출했지만, 마냥 기뻐할 수 없었다. 쓰린 마음을 애써 가다듬고 있는데, 내가 처한 상황이 참 묘하게 느껴졌다. 어라, 어디서 많이 본 듯한 장면인데….

문득 한 영화가 떠올랐다. 대학생 때 재밌게 본 〈천국의 아이들〉, 우리나라에서도 꽤 많은 관객을 동원했고 세계적으로도 성공한 영화다. 영화를 접한 계기가 특이하다. 먼저 영화를 본 친구들 몇몇이 내가 남자 주인공을 닮았다는 우스갯소리를 했다. 안 그래도 '중동'스럽게 생겼다는 이야기를 종종 듣는 나였다. 개중에는 '아랍 왕자'라고 부르는 녀석까지 있었다. 두 눈으로 직접 확인해야겠다 싶어서 대여점을 찾아갔다.

영화에는 너무도 가난해서 한 켤레밖에 없는 신발을 나눠 신고 번갈아 등교하는 남매가 등장한다. 어느 날 오빠는 여동생의 성화에 못 이겨 교내 달리기 대회에 참가한다. 목표는 2등, 그에게 우승은 의미가 없다. 2등 부상이 신발이기 때문이다. 하지만 오빠는 너무 열심히 뛰었고 가장 먼저 들어오고 만다. 1등을 했음에도 눈물을 뚝뚝 흘리는 그의 모습에 선생님들은 의아하기만 하다.

영화 속 오빠의 입장에 절로 감정이입이 되었다. 나는 우리나라의 승리보다 한국과 이란의 무승부를 바랐다. 영화로 치면 1등이 아니라 2등을 원한 셈이다. 결과는 생각지도 못한 패배. 우리나라와 이란이 월드컵에 나란히 진출했지만, 왠지 찜찜한 느낌을 지울 수 없었다. 물론 오빠의 슬픔에 비할 바는 아니겠지만.

그동안 작품 배경에는 별 관심이 없었는데 알고 보니 이란 영화였다. 기억을 떠올려 보니 한국과 이란 프로축구팀의 경기를 직접 관람한 적도 있었다. 2011년 9월에 열린 수원 삼성과 이란 조바한(이란의 문화도시 에스파한을 연고로 하는 팀)의 경기였다. 아시아 최고 클럽을 가리는 AFC 챔피언스리그에서 한국과 이란은 자주 만나는 단골손님이었다. 이란은 거리상 먼 나라가 분명한데, 뜻밖에도 내 주변에 가까이 있었다. 그동안 내 눈치가 부족했던 건가.

'그래, 이란에 가면 틈틈이 축구장도 꼭 가야지. 원정팀의 무덤이라고 불리는 테헤란 아자디 경기장의 분위기도 느껴 보고, 주말이면 프로축구도 보는 거야. 불가능한 일은 아닐 거야….'

어느새 마음이 들뜨기 시작했다.

한 사회를 바라보는 도구는 한 가지가 아니다. 관찰자가 어떤 도구로 보느냐에 따라 사회의 모습은 천차만별로 달라질 것이다. 결국, 이란에서도 나만의 관심사를 계속 이어갈 필요가 있었다. 매 순간 행복과 즐거움을 찾는 게 삶의 목적이라면, 이란에서라고 그걸 포기할 이유가 없으므로.

하산 로하니의
깜짝 승리

오늘은 또 어떤 소식이 올라왔으려나. 하루를 이란 기사 검색으로 시작하는 게 습관이 되었다. 이란행이 결정되고 나서 말이다. 당시의 이슈는 대통령 선거였다. 누가 차기 대통령이 될지 이란 내에서 초미의 관심사였고 국제적으로도 큰 이슈였다.

이란은 정교일치 국가라고 했는데, 대통령도 뽑는다는 말인가? 찾아보니 이란은 '최고 지도자Supreme Leader'로 불리는 종교인 리더와 대통령이 모두 존재하는 특이한 구조였다. 뭐지? 힌트는 공식 국가명에 있었다. 이란 이슬람 공화국Islamic Republic of Iran. 이슬람이 나라의 색깔을 드러내는 물감이라면, 공화국은 물감을 칠하는 스케치북에 비유할 수 있다. 공화국 체제에 이슬람을 입힌 것이다.

직접선거로 선출한 대통령이 통치하지만, 대통령을 해임할 수 있는 권한은 최고 지도자가 가지고 있다. 누가 힘이 센지 대충 감이 잡힌다. 두 사람의 임기만 비교해도 답은 쉽게 나온다. 최고 지도자는 종신직인 데 반해 대통령은 4년 연임제이다. 이론상으로는 한 번 쉬었다 다시 선거에 나올 수 있다고 하는데, 8년 이상 역임한 대통령은 지금까지 아무도 없었다.

두 번 임기를 다 채우고 물러나는 아흐마디네자드 Ahmadinejad 대통령은 인기가 없었다. 국제 사회에 끊임없이 강경한 목소리를 던지다 보니 미국을 비롯한 서구 주요 국가와의 사이는 틀어질 대로 틀어진 상태였다. 미국과 유럽은 이란의 무역, 금융 거래에 극단적 제재를 가하며 이란의 숨통을 옥죄고 있었다. 이란 경제가 악화 일로를 걸을 수밖에. 선거를 앞두고 환율이 두 배 이상 폭락할 정도로 사정은 심각했다.

선거의 화두는 민생으로 읽혔다. 서민들 대다수는 먹고살기가 너무 힘드니 이제 경제를 좀 챙기라는 메시지를 던지고 있었다. '핵 개발도 좋고 이데올로기도 좋지만, 입에 풀칠은 하고 살아야 할 것 아닌가.'라며 이란 유권자들이 속삭이는 느낌이었다. 어디나 사람 사는 데는 똑같다. 그동안 가졌던 이란에 대한 막연한 두려움이 한 꺼풀 벗겨지는 순간이었다.

이란의 새 대통령은 '경제 회생'을 기치로 내건 하산 로하니 Hassan Rouhani로 결정되었다. 그는 중도개혁 성향으로 분류되는 합리적 인물이라고 했다. 이념 대결을 벗어나 민생부터 챙기겠다는 공약이 사람들의 마음을 움직인 걸까? 후보 등록 기간 막판에 출마를 결정했지만, 큰 바람을 일으키며 표의 절반 이상을 가져갔다. 결선투표에 이를 것도 없이 한 번에 이긴 것이다. 우리나라로 치면 2002년 대통령 선거와 비슷한 느낌이었다. 아니나 다를까. 외신도 '깜짝 승리 Surprise Victory'로 표현하고 있었다.

로하니 대통령은 8월에 취임한다고 했다. 어라? 내가 이란 근무를 시작하는 날짜도 8월 1일이었고, 로하니 대통령의 임기와 마찬가지로 나역시 4년 동안 일할 예정이었다.

'그래, 나는 로하니 대통령과 임기를 같이하는 사이다. 강경보수에서 중도실용으로 변화를 선택한 이란이 4년 안에 얼마나 변할지 유심히 관찰해야지.'

안 그래도 푸근한 외모의 로하니 대통령이 더욱 친근해 보였다.

08

소주, 소주,
그리고 테헤란젤레스

컨테이너를 보낼 날을 잡았다. 본격적으로 짐을 쌀 시간이었다. 집에 있는 살림살이는 단출했다. 결혼한 지 얼마 되지 않기도 했거니와, 발령을 생각해서 좁은 자취방에서 몇 달 버텨 보기로 한 까닭이다. 아내와 나 모두 현지에서 해결하자는 속 편한 생각이었다. 그래도 골똘히 궁리해 보니, 현지에 팔지 않는 물건은 여유 공간이 있을 때 준비하는 게 좋을 듯했다.

입고 자는 부분은 문제도 아니었다. 옷은 조금만 스타일을 구기고 다니면 되고, 집이야 어차피 통째로 들고 갈 수도 없으니. 절실해 보이는 품목은 음식이었다. 이란 음식에 입맛을 길들이리라 다짐했지만, 매일같이 먹을 수는 없는 노릇이었다. 하릴없이 시간이 날 때마다 대형마트에 들렀다.

열심히 식자재를 고르고 있던 어느 날, 전화가 왔다. 전임자 선배였다. 중요한 얘기를 깜빡했다며, 컨테이너에 소주를 실어 보내는 게 좋을 거라고 했다.

"이란은 술 반입이 금지된 걸로 알고 있는데, 아닌가요?"

"다행히 우리 직원은 짐을 받을 때 외교 통관이 가능해요. 이번에 못 보내면 몇 년간 소주 구경은 한 방울도 못 할 거예요."

통화를 마치자마자 한 상자를 카트에 담았다. 차가 없어서 그 이상은 무리였다. 땀을 뻘뻘 흘리며 집까지 소주를 나르고 생각해 보니 한 상자는 너무 적었다. 아끼고 아껴서 한 달에 두 병씩 마신다고 해도 열 달이면 동날 양 아닌가. 4년이면 아무리 적게 잡아도 다섯 상자는 필요했다. 게다가 이란에 있는 다른 선배들의 부탁도 있어서, 다 합치면 얼추 열 상자는 넘게 가져가야 했다.

주세법상 소주는 하루에 두 상자까지만 구매할 수 있었다. 컨테이너 부칠 날은 점점 다가오고, 매일 마트에 가는 수밖에 없었다. 아내와 내가 한 상자씩 나눠 들고 낑낑거리며 집으로 돌아오기를 며칠. 전생에 소주랑 무슨 인연이 있길래 우리를 이 고생시키나, 절로 푸념이 나올 정도였다. 일주일 내내 달밤에 체조하듯 소주를 날랐다.

다른 술도 아니고 왜 굳이 소주였을까. 한국 사람이니까 당연한 거 아니냐고? 선배의 말에 따르면 이렇다. 이란이 술을 금지하는 나라인 건 맞지만, 현지인들은 대부분 알게 모르게 집에서 술을 마신단다. 위스키, 보드카, 맥주 같은 웬만한 술은 구할 수 있고, 심지어 집으로 배달까지 해 준다나. 이란에는 없는 게 없다던 직원의 말이 이런 뜻이었을까? 놀라지 않을 수 없었다.

알고 보니 이란은 어느 나라보다 드라마틱한 역사의 주인공이었다. 1979년 이슬람 혁명을 계기로 이란의 현실은 180도 바뀌었다. 친미에서 반미가 되었고, 왕정에서 이슬람 공화정이 되었다. 왕은 히잡을 금지했지만, 혁명 세력은 여성에게 다시 히잡을 강제했다. 거리의 술집은 문을 닫았고, 집에 있던 술도 들키기 전에 버려야 했다. 급박한 변화 통에 많은 이들이 망명길에 올랐고, 고향이 그리워도 이란으로 돌아오지 못하고 있었다.

미국 LA에 가면, 우리나라 이민자들의 코리아타운처럼 이란 사람들이 모여 사는 테헤란젤레스가 있다고 한다. 테헤란젤레스의 이민자들은 소주를 챙겨가는 내 마음을 십분 이해하려나.

09
이란 가는 하늘에서 본
아르고

떠날 순간이 왔다. 아내와 나, 단둘이 배낭 하나 둘러메고 홀연히 나가고 싶었지만, 애초에 불가능한 일이었다. 양가 가족 모두 손에 손을 잡고 공항으로 배웅을 왔고, 그만큼 어깨는 무거워졌다.

우리에게 이란은 미지나 다름없었다. 하지만 이란에도 사람은 살고 있을 것이다. 그것도 아주 많이. 우리와 조금 다른 모습으로 살고 있으리라 생각하고 애써 덤덤해지려 했다.

비행기를 기다리면서 이란을 '다른 나라'라는 뜻에서 '이란(異蘭)'이라고 이름 붙였다. 네덜란드를 한자로 쓰면 '화란(和蘭)'이 되는 것처럼 말이다. 이제 나는 다른 나라로 간다.

이란 가는 길은 녹록지 않았다. 국적기나 직항이 있으면 좋으련만,

반드시 주변국을 거쳐야 갈 수 있었다. 중동 하늘길을 주름잡고 있는 양대 산맥은 에미레이트항공과 카타르항공이다. 둘 다 국가 자본을 바탕으로 매우 공격적인 마케팅을 하고 있었다. 세계적인 라이벌 축구팀 레알 마드리드와 FC바르셀로나의 유니폼 스폰서를 떠올려 보면 쉽게 이해할 수 있다(FC바르셀로나는 2013년부터 카타르항공의 유니폼 스폰서를 받다가 2017년 일본 라쿠텐으로 바꿨다). 한국에서도 에미레이트항공과 카타르항공이 비슷한 시간대를 놓고 경쟁하고 있었다. 둘 사이엔 두바이를 경유하느냐, 도하를 경유하느냐의 차이만 있었다.

나에겐 도하보다 두바이가 친숙했다. 한창 입사를 준비하던 2009년도는 금융위기가 세계를 덮친 때였고, 두바이가 글로벌 경기 침체의 직격탄을 맞았다는 신문 기사가 하루가 멀다고 나왔다. 논술고사에서도 두바이 얘기를 쓰지 않았던가. 따지고 보니 인연이 없는 게 아니었다.

'그래, 몇 시간 되지 않더라도 두바이를 거치자. 혹독한 위기를 딛고 어떻게 일어서고 있는지 곁눈질도 할 겸.'

나는 에미레이트항공을 타기로 마음먹었다.

인천에서 두바이까지는 9시간 남짓. 창밖도 바라보고 틈틈이 일기도 썼지만, 도착까지는 여전히 시간이 많이 남아 있었다. 영화를 보기로 했다. A부터 제목을 검색해 내려가는데, 익숙한 이름이 눈에 띄었다. 아르고? 이슬람 혁명 당시 이란이 미국 대사관을 오랫동안 점거한 사건을 모티브로 한 터라, 이란행을 준비하면서 여기저기서 많이 들었던 영화였다.

영화는 시종 흥미진진했고 완성도 또한 높았다. 감독이자 주인공으로 분한 벤 애플렉Ben Affleck이 아카데미상을 받을 만했다. 다만 어디까지 사실이고, 어디까지가 허구인지를 분간하기 어려웠다. 영화는 그저 사실에 근거한 이야기라고만 밝히고 있을 뿐. 할리우드 영화 특성 그대로 선과 악이 극명했고, 영화에서 이란은 당연히 악이었다. 현실에서도 이란은 부시 대통령이 지정한 '악의 축' 아니던가. 벤 애플렉은 미국 시장에서 성공이 보장된 확실한 소재를 택한 셈이다.

들은 얘기로는 이란 정부가 자국 내 촬영을 허락지 않아서 그랜드바자르 장면은 터키 이스탄불에서 찍었다고 한다. 철저히 미국의 시각에서 제작될 테니 이란 입장에서는 불편했을 것이다.

아르고를 보고 나니 어느덧 두바이에 이르렀다. 복잡한 마음을 이끌고 공항에 내린 때는 새벽. 두리번거리며 맥도날드와 스타벅스를 찾았다. 썩 배가 고프지 않았지만 먹고 마셔야 할 것만 같았다. 이란에 가면 미국계 패스트푸드점이 없다고 들었기 때문이다.

햄버거를 우걱우걱 씹으면서, 아메리카노를 홀짝거리면서, 문득 스스로를 돌아보았다. 내가 세계시민이라는 허상을 좇고 있는 건 아닌지. 나에게 세계는 무엇이며, 세계화란 어떤 의미인가. 지구 어느 곳을 가든 맛이 똑같은 햄버거를 먹고 커피를 마시는 게 과연 세련된 세계시민의 모습일까. 세계시민으로 살고 싶다는 바람은 세상에 존재하는 다양한 삶의 형태를 익히고 내 것으로 만들겠다는 의지 아니었나.

한국에서 나고 자라 뼛속까지 한국인인 나지만, 먹고 마시고 생각하는 방식이 알게 모르게 서구화되어 있음을 부정할 수 없었다. 이란 생활은 그런 익숙한 것들로부터 한 걸음 떨어져 세계화를 생각해 볼 좋은 기회였다. 다른 나라 이란에는 분명 낯선 모습의 삶이 기다리고 있을 것이고, 원하든 원하지 않든 맥도날드 햄버거와 스타벅스 커피를 내려놓아야 한다는 뜻이다. 뜨거운 아메리카노의 마지막 모금을 마시며 스타벅스에 인사를 건넸다.

'당분간 안녕.'

"테헤란으로 가실 분은 지금 탑승구로 와 주십시오."

마침내 이란으로 향하는 여객기에 몸을 실었다. 비행시간은 정확히 두 시간이었다. 아침부터 쓴 커피를 들이켜서인지 가는 내내 정신이 말똥말똥했다. 아마도 긴장을 풀지 못해서였을 것이다. 테헤란 국제공항의 이름은 **이맘 호메이니**Imam Khomeini였다.

호메이니는 누구인가. 이슬람 혁명을 이끈 주역이자, 이슬람 공화국의 초대 최고 지도자를 지낸 인물 아니던가. 이란은 세계를 연결하는 관문에서부터 자신들의 정체성을 드러내고 있었다.

10

테헤란 입성 :
김치와 세관원

테헤란 땅이 보이기 시작했다. 이란 여성들은 주섬주섬 히잡을 꺼내 머리에 둘렀다. 아내도 한국에서 준비해 온 스카프를 꺼냈다. 이슬람 공화국답게 외국인이라고 예외는 없다. 이란 땅에 발을 딛는 모든 여성은 머리를 가리는 히잡을 써야 하고, 엉덩이까지 내려오는 상의를 입어야 한다. 인권 차원에서 분명 차별적 요소가 있다. 섭씨 40도에 육박하는 한여름에 머리에 보자기까지 두른 아내를 보니 미안한 마음이 들었다. 내가 이 고생을 시키는구나.

이란에 오려면 사전에 비자를 받거나, 공항에서 도착 비자를 사야 한다. 우리는 한국에서 비자를 받지 않았고, 도착 비자를 살 생각도 없었다. 가지고 온 관용 여권은 30일 동안 비자 없이 체류할 수 있는 데다가

한 달 안에는 정식으로 거주 허가를 받을 예정이었다.

테헤란 입성은 생각처럼 쉽지 않았다. 여권을 심사하는 경찰은 속지를 이리저리 살피면서 비자 스티커를 찾기 시작했다. 침묵을 깨고 말을 꺼냈다. 영단어와 유튜브로 연습한 페르시아어를 섞어서, 되는대로 말했다.

"인 패스포트 오피셜 아스트(이 여권은 관용이에요)."

"비자 나 더레(비자 없습니다)."

경찰은 알아들었다는 듯 잠깐 미소를 보였지만, 여전히 도장은 찍어주지 않았다. 그러다가 아예 여권을 들고 동료에게 가는 것 아닌가. 둘 사이에 열띤 토론이 벌어졌다. 한국 관용 여권은 비자가 필요한지 아닌지를 두고 얘기하는 듯 보였다.

내가 할 수 있는 건 없었다. 입국이 거절되면 어쩌나, 마음가짐을 단단히 하고 왔는데 여기서 돌아가면 낭패였다. 종교도 없는 내가 하나님께 기도라도 해야 할 판이었다. 아, 이슬람 국가니까 알라께 기도를 올려야 하나?

같은 비행기로 온 탑승객들이 모두 심사대를 통과할 즈음에야 경찰이 돌아왔다. 우리가 마지막이었다. 가슴을 졸이며 제발 스탬프를 찍어주길 기다렸다. 컴퓨터에 우리 정보를 입력하는 것 같았다. 다행스러운 신호였다. 타자를 치던 경찰이 갑자기 물었다.

"코레이 조누비? 코레이 쇼말리?"

코레이가 한국인을 의미하는 건 알았는데, 조누비, 쇼말리는 처음 듣는 단어였다. 느낌상 남한이냐, 북한이냐를 묻는 것 같았지만, 어디가 남한이고 어디가 북한인지 전혀 짐작할 수 없었다. 여기서는 신중해야 한다. 괜히 하나를 찍었다가 예상치 못한 상황을 맞을 수 있다. 단호하게 영어로 대답했다.

"사우스 코리아, 리퍼블릭 오브 코리아."

마침내 입국 도장을 찍어 주며 경찰이 말했다.

"조몽, 호쉬 어마딘(주몽, 환영합니다)."

짐 찾는 곳에는 우리 짐만 덩그러니 남아 있었다. 어머니가 심혈을 기울여 포장한 김치는 아이스박스가 깨졌는지 국물이 줄줄 새고 있었다. 비닐로 이중 포장을 했지만, 그래도 냄새가 풍기는 것 같았다. 황급히 휴지로 닦아내고 카트에 짐을 실었다.

하지만 아직 끝난 게 아니었다. 이란은 술과 돼지고기 등 이슬람 교리에 반하는 물건은 들여오지 못한다. 짐을 찾고 나서도 다시 검색대를 통과해야 하는 이유다. 다른 건 몰라도 국물이 새고 있는 김치가 걱정되었다.

아니나 다를까. 엑스레이를 유심히 살피던 직원이 세관으로 우리를 인계했다. 세관원은 아이스박스를 가리키며 뭐냐고 묻는 시늉을 했다. 나는 일부러 페르시아어로 말했다. 최대한 점수를 따려는 심산이었다.

"가저에 코레이(한국 음식이요)."

그는 단호했다. 기어이 커터칼로 테이프를 뜯고 아이스박스를 열어젖혔다. 뚜껑을 열자마자 시큼한 냄새가 확 올라왔다. 세관원은 미간을 찌푸리더니 빨리 뚜껑을 덮으라고 하고는 얼른 자리를 피했다. 본의 아니게 한국의 매운맛을 보여 준 셈이다.

우여곡절 끝에 테헤란에 입성했다.

테헤란 시내는 이맘 호메이니 공항에서 60km 정도 떨어져 있다. 우리로 치면 인천공항에서 서울 가는 거리와 비슷하다. 테헤란 시내까지 가는 도로 주변은 허허벌판이었다. 이런 데서 어떻게 4년을 살 수 있을까 막막했다. 마중을 나온 선배는 내 표정을 읽었는지, 시내에 접어들면 이렇지 않다고 우리를 안심시켰다.

고속도로에는 낡은 차들이 쌩쌩 속도를 내며 달리고 있었다. 이란에서 생산된 차라고 했다. 아무도 차선을 지키지 않는 모습이 특히 인상적이었다. 다들 차선을 물고 곡예사처럼 차로를 넘나들고 있었다.

톨게이트를 지나자 커다란 모스크가 보였다. 얼핏 봐도 규모가 매우 컸는데, 아직 공사 중이었다. 호메이니가 묻혀 있는 영묘라고 했다. 이란의 현재를 만든 사람이 잠들어 있다고 생각하니 감회가 새로웠다.

40년이 다 되어 가는 이슬람 공화국의 역사는 호메이니를 빼놓고 결코 설명할 수 없다. 서구화를 추진하던 파흘라비 왕조를 그리워하는 사람도 있고, 혁명 후의 이슬람 공화국 체제를 긍정하는 신실한 무슬림도 있다. 그만큼 여전히 논쟁적인 인물이지만, 어쨌거나 현대 이란을 이해하는 첫걸음은 분명 호메이니다. 그가 어떤 인물인지 잘 알지 못했지만, 속으로 말을 건넸다.

'직접 겪어 보고 지금 이란이 어떤지 말할게요.'

집과 건물이 보이기 시작했다. 마침내 시내에 접어든 느낌이었다. 테헤란은 커다란 산맥이 도시를 둘러싸고 있는 분지 지형이다. 테헤란의 첫인상은 분지에 어울리게 뿌연 스모그가 잠식했다. 섣불리 창을 열 수 없을 만큼 낡은 차량이 내뿜는 매연은 텁텁했다.

고도가 높은 북쪽으로 올라가는 도중에 아주 긴 터널을 만났다. '토히드Tohid'라는 이름의 이 터널은 무시무시한 고래처럼 자동차를 하나씩 삼키고 있었다. 오전인데도 어두컴컴한 동굴을 달리니 성경에 나오는 요나(큰 물고기에게 삼켜져 사흘 동안 물고기 배 속에 갇힌 인물)가 된 심정이었다. 섬뜩한 생각이 들었고, 어서 빨리 빠져나가고 싶었다. 하릴없이 요나처럼 기도하는 수밖에.

토히드 터널을 나오니 주변 광경을 보다 자세히 관찰할 수 있었다. 맨 먼저 수박을 가득 싣고 가는 용달차가 눈에 띄었다. 이란은 과일이 많다고 했다. 사계절이 뚜렷한 기후라 농사를 많이 짓고 주변국에 농산물 수출까지 하고 있었다. 특히 석류가 많이 나기로 유명했다. 한때 우리나라에서 엄청난 인기를 끌었던 석류 음료는 원산지가 대부분 이란이었단다. 석류는 여성에게 좋은 과일 아니던가. 안 그래도 아내에게 히잡을 씌워 미안했는데, 석류로나마 풀어 줘야겠다고 생각했다.

한 시간도 더 걸려서 호텔에 도착했다. 테헤란 북쪽 끝에 있는 아자디Azadi 호텔이었다. 이슬람 혁명 전까지는 미국계인 하얏트였지만, 지금은 국영 기업인 파르시안 그룹이 운영하는 곳이다. 이란은 한창 경제 제재를 받고 있는 까닭으로, 국제 신용카드가 통용되지 않았다. 무조건 달러나 유로 같은 현금을 준비해 와야 한다. 페르시아어로 '자유'를 뜻하는 아자디 호텔에 결제의 자유는 없었다.

II

이란을
살다

01
안 되면
빨리 포기해야지

수도 테헤란의 첫인상은 무질서와 질서가 혼재된 모습이었다. 빨리 적응하려면 이 무질서 속에서 질서를 찾아야 했다. 교통체증으로 꽉 막힌 도로에서도 운전자들은 여유가 있었다. 여기는 늘 그렇다는 듯. 어쩌면 체념한 것인지도 모르겠다.

꼬리에 꼬리를 문 차 사이로 차도르*를 입은 여성들이 무단횡단을 하고 있었다. 생경했다. 검은 천으로 온몸을 휘감은 여성을 보면 거리감부터 느껴졌다. 왠지 말을 걸어서는 안 될 것 같았고, 결혼했다면 남편

* 이슬람 여성이 입는 히잡에는 여러 종류가 있다. 이란 여성들은 귀를 제외한 얼굴을 다 드러내는 차도르를 입거나 스카프 형태로 간소화된 히잡을 쓴다. 온몸을 다 감싸고 눈만 내놓는 것은 니캅으로 사우디, 예멘에서 주로 입고, 눈 부분에 그물까지 있는 부르카는 아프가니스탄 등에서 입는다.

의 그늘 아래 숨죽여 지내리라 생각했다. 이슬람 여성에게 가지고 있는 흔한 고정관념일 것이다.

직접 본 이란 여성들은 거침이 없었다. 운전도 남자 못지않게 거칠었고, 차에서 내려 옥신각신하며 다투는 여성도 부지기수로 봤다. 목소리 높여 말싸움하고 삿대질하는 모습을 보게 되다니. 그것도 차도르를 입고 말이다. 막연히 예상했던 장면과는 정반대였다. 한편으로 친근감이 들었다. 이란을 이해하고 사회에 동화되려면 단순히 이슬람 공화국의 틀로만 접근해서는 안 될 것 같았다. 국가적으로 이슬람 규율을 강제하고 있지만, 사람들은 그 속에서 틈을 찾아내려고 애쓰는 걸로 보였다.

온도가 섭씨 40도에 육박하는데도 한국보다 덜 더운 느낌이었다. 건조한 탓이다. 뜨거운 햇볕을 피해 그늘을 찾아 들어가면 금세 서늘해졌다. 이란에서는 남성도 반바지는 입지 못한다. 이슬람 교리상 무릎을 가리는 옷을 입어야 한다는데, 또 반소매는 괜찮다. 어디까지 가능하고 어디까지 불가능한 것일까. 결국, 이 판단을 얼마나 빠르게, 자연스럽게 내릴 수 있는지가 적응의 관건일 것이다.

악마는 디테일에 있다고 하던가. 사람 사는 곳은 어디나 비슷하다고들 하지만, 세밀하게 들여다보면 하늘과 땅만큼 차이가 있을 터. 이 차이를 하루빨리 인정하고 받아들여야 했다.

당장 인터넷 환경에서부터 큰 차이가 났다. 속도가 매우 느렸고, 웬만한 사이트는 접속하자마자 페르시아어로 된 안내 페이지가 떴다. 페이스북은 물론이고 블로그도 접속할 수 없었다. 스마트폰의 앱스토어도 불안정했다. 한국에서는 멀쩡히 검색되던 애플리케이션이 보이지

않았다. 몇 시간을 끙끙대며 시도하다가 포기했다.[*]

  '지구촌 사회의 기본은 통신인데, 이래서 이란이 다른 나라와 격리되어 있다는 뜻인가. 앞으로 이란에서는 포기해야 하는 부분이 많겠구나. 안 되면 빨리 포기해야지.'

  마음가짐을 새로이 하는 수밖에 없었다.

. . . .

[*] 나중에 알고 보니 이란 사람들은 대부분 가상 사설망(VPN, 자신의 접속 지역을 다른 나라로 바꿔주는 서비스)을 통해 금지된 사이트에 접속하고 있었다.

02
황홀한
지옥의 종착역

주말을 맞아 밖으로 나갔다. 목적지는 전통시장인 **바자르**Bazaar＊. 택시를 타면 쉽고 빠르게 목적지에 다다를 수 있지만, 대중교통을 이용해 보기로 했다. 이란 사람들의 일상을 보다 가까이에서 바라보며 이란의 현실을 직접 느끼고 싶었다.

한국에서 준비해 온 가이드북을 펼쳤다. 이란을 알려면 '사람부터 만나라'고 적혀 있었다. 방향은 제대로 잡은 셈이다. 호텔 로비에 있는 직원에게 그랜드바자르 가는 길을 물었다. 택시를 잡아 주겠다는 직원에

＊ 시장을 의미하는 페르시아 단어, 바자르(Bazar, 영어는 Bazaar로 표기)는 영어사전에도 수록될 정도로 국제적으로 통용된다. 우리나라 학교나 지역에서 열리는 바자회 역시 바자르를 어원으로 한다.

게 BMW만 탄다고 농담을 던졌다. 이란에 BMW 택시는 없다는 답변과 함께 어이없다는 눈빛이 돌아왔다. 그럼 다른 BMW Bus, Metro, Walk라도 알려 달라고 했다. 그제야 웃으며, 10분 거리에 있는 버스 정거장에서 버스를 타고 가다 지하철로 환승해야 한다고 했다. 내릴 역은 '이맘 호메이니' 역이었다.

정거장까지 가는 길은 험난했다. 걷다 보면 길이 중간에 끊기는 상황은 다반사였고, 길을 건너야 하는데 횡단보도를 찾기 어려웠다. 간혹 있는 횡단보도에선 한참을 기다려도 신호등 불이 켜지지 않았다. 어쩔 도리가 없었다. 아내 손을 꼭 붙잡고 쌩쌩 달리는 차를 피해 길을 건너는 것 말고는.

뻔히 사람이 보여도 속도를 줄이지 않는 차를 향해 나도 모르게 소리를 꽥 질렀다.

"서!"

운전자는 황당하다는 표정을 지으며 경적을 눌렀다. 미안하다는 손짓을 하고 길을 건넜다. 테헤란은 보행자에게 지옥, 운전자에게는 천국과 다름없었다. 기름값이 싸다 보니 누구나 차를 끌고 거리로 나왔다. 꾸역꾸역 걸어 다니는 사람이 약자일 수밖에.

우여곡절 끝에 버스를 탔다. 요금이 얼마인지 몰라 수중의 지폐를 모두 기사에게 보여 주었다. 기사는 그중 1만 리알을 가져갔다. 거스름돈은 없었다. 1만 리알이라고 해야 300원 정도이니 바가지를 쓴 건 아닌 듯했다. 승객들이 우리를 힐끔힐끔 쳐다봤다. 버스에 외국인이라고는 우리 둘밖에 없었다. 오랜 시간 세계와 문을 닫고 살아온 나라라서인지 이방인에 대한 관심이 뜨거웠다. 한편으로 연예인이 된 기분이었고, 다른 한편으로 동물원 원숭이가 된 느낌이었다. 뾰족한 수가 있나, 여기서 갑은 그들이다. 지하철역이 어서 나오기를 바라며, 애써 태연한 척 창밖을 내다봤다. 노란색 지하철역 표지판이 보이자 하차 벨을 눌렀다. 환승 시스템은 아직 없는 것 같았다.

지하철역에서 매표소를 찾아 두리번거리고 있는데, 누군가 영어로 도움이 필요하냐고 말을 걸어 왔다. 젊은 부부였다. 어디서 표를 사야 하는지 물었다. 잠깐 기다리라고 하더니 아예 표를 두 장 사 왔다. 지하철 표는 한 장에 4천 리알, 100원이 좀 넘는 돈이었다. 푯값을 주려고 하자 한사코 거절했다. 타는 방향과 내리는 역을 설명해 주더니 볼펜을 꺼내 자신의 전화번호를 적어 주었다. 무슨 일 생기면 연락하라며. 그의 이름은 '알리'였다.

얼마 되지 않는 금액이라도 나라면 선뜻 이방인에게 도움의 손길을 내밀 수 있었을까. 이게 바로 말로만 듣던 이란식 환대Iranian Hospitality인가. 어떻게 감사를 표할지 고민하던 차에 알리에게서 먼저 전화가 왔다. 우리 부부를 집으로 초대하고 싶다고 했다.

알리의 집은 테헤란의 위성도시인 카라지Karaj에 있었다. 우리는 고마운 마음에 꽃다발을 준비해 갔다. 알리 부부가 내놓은 이란 음식을 먹으며 이란에 대해, 이란 사람에 대해 이야기했다. 이란에 도착해서 느낀 혼란스러움부터 이란 사람들에게 받은 따뜻한 인상까지 모두 솔직히 털어놓았다. 그는 이해한다는 듯 고개를 끄덕이며 말했다.

"이란인들은 한번 친구가 되면 잊지 않아요."

테헤란은 1795년 카자르 왕조에 이르러서야 수도가 되었다. 20세기에 산업화가 본격적으로 진행되면서 성공과 부를 찾아 사람들이 모여들었고, 인구 1,200만 명이 넘는 거대도시가 되었다. 서울과 비교해도 규모가 뒤지지 않는다. 하지만 테헤란은 천만 수도로 제대로 기능하기에 이미 포화 상태다. 차는 너무도 많고, 텁텁한 매연은 일상이 되었으며, 대중교통은 여전히 제한적이다. 이란 정부가 진지하게 수도 이전을 고려하고 있을 정도다.

그럼에도 시민들은 자신들만의 방식으로 이 공룡 같은 도시를 버텨내고 있었다. 거리에서 마주치는 사람들의 밝은 표정은 어떻게 해석해야 할까. 나에게 불합리로 느껴지는 것들이라도, 그들에게는 어쩌면 약간의 불편함만 감수하면 끝나는 문제일지도 모르겠다.

이란 작가 **아미르 하산 체헬탄**Amir Hassan Cheheltan은 자신이 나고 자란 도시, 테헤란을 '황홀한 지옥의 종착역'으로 묘사했다. 그는 덧붙여서 말한다.

"몸 파는 여성의 자식으로 산다는 건 불행한 일이죠. 하지만 어머니를 미워할 수는 없습니다."

나는 테헤란에서 지옥의 종착역을 보았지만, 이란인들을 만나면서는 때때로 황홀감을 느꼈다. 이런 모순된 사실과 감정은 이란 생활을 이끌어 가는 동력이 되었다. 천국과 지옥은 방점을 어디에 찍느냐에 따라 달라지며, 결국 머리카락 한 올 차이에 지나지 않는다.

지옥과 같은 테헤란 거리에서 무기력한 표정을 짓고 있으면, 일면식도 없는 사람들이 넌지시 다가와 당신의 안부를 물을 것이다. 원망스럽지만 결코 미워할 수 없는 어머니처럼.

03
진짜
아라비아 숫자

이란의 금요일은 우리로 치면 일요일이다. 관공서와 은행은 토요일부터 목요일 오전까지 일하고 목요일 오후와 금요일을 쉰다. 주 5일제를 시행하기 전 우리나라를 생각하면 이해하기 쉽다. 일부 회사는 목요일과 금요일 모두 쉬기도 하지만, 우리 사무실은 한국과의 업무 교신을 고려해 금요일과 토요일을 쉬었다. 일요일부터 일주일이 시작되는 셈이다. 국제화 물결에 따라 중동국가 대부분이 금요일과 토요일을 휴무로 하고 있음에도, 이란만큼은 토요일부터 한 주가 시작된다. 과연 이슬람 공화국이다.

그랜드바자르 주변을 배회하다 보니 카자르 왕조의 **골레스탄**Golestan 궁전이 나왔다. 가는 날이 장날이라고, 마침 금요일이라 골레스탄 궁전이 문을 닫았다. 아쉬운 발걸음을 돌려 길을 걷고 있는데 큰 공원이 나왔다. 테헤란은 도심 곳곳에 공원이 있다. 우리가 마주친 공원 이름은 **샤흐르 파크**Shahr Park다. 페르시아어로 '샤흐르'가 도시이니, 우리말로 번역하면 '도시공원' 정도가 될 것이다.

테헤란의 매연은 악명 높았지만, 그나마 공원이 시민들의 숨통을 틔워 주고 있었다. 우리도 이제부터 테헤란 시민이니 잠시 앉아서 쉬기로 했다.

공원 안에는 가벼운 먹거리와 음료수, 아이스크림 등을 파는 매점이 있었다. 열심히 외운 생활회화 표현이 빛을 발할 순간이었다. 오렌지 주스 두 병을 집어 들고 말했다.

"찬 데(얼마예요)?"

아뿔싸, 매점 주인이 주스값을 말하는데 알아들을 수가 없었다. 숫자를 미처 익히지 못한 까닭이다. 게다가 숫자 표기마저 우리가 쓰는 아라비아 숫자가 아니었다. 지갑을 열어 보여 주고 주인이 가져가는 만큼 상납하는 수밖에.

우리가 아라비아 숫자로 부르는 것은 엄밀히 말하면 유럽식 아라비아 숫자이고, 이란에서 쓰는 숫자가 오히려 아라비아 숫자의 원조에 가깝다. 내력은 이렇다. 숫자는 인도에서 발명되어 아라비아를 거쳐서 유럽으로 넘어갔다. 아라비아 상인과 교역하던 유럽인들이 인도 숫자를 '아라비아 숫자'로 불렀고, 시간이 흐르며 유럽 사람들의 편의에 맞게 변형되어 현재 우리가 쓰는 형태로 자리 잡았다.

그런데 이란 사람들은 유럽식도 아니고, 그렇다고 아라비아식도 아닌 페르시아식 숫자를 고집하고 있다. 아라비아식 숫자와 페르시아식 숫자는 다음과 같이 4, 5, 6을 다르게 표기한다.

유럽식	0	1	2	3	4	5	6	7	8	9
아라비아식	٠	١	٢	٣	٤	٥	٦	٧	٨	٩
페르시아식					۴	۵	۶			

유럽식 숫자, 아라비아식 숫자, 페르시아식 숫자

우선 숫자부터 익혀야 했다. 공원 벤치에 앉아 한국에서 준비해 온 페르시아어 표현집을 펼쳤다. 옉(1), 도(2), 쎄(3), 차하르(4)를 입으로 되뇌며 글자 모양을 외웠다. 주스를 삼키는데 맛이 씁쓸했다.

04
이란에서는
이란법을

페르시아어로 이란인은 이라니Irani고 테헤란 사람들은 테헤라니Teh-rani다. 하루빨리 이라니와 테헤라니의 규칙을 몸에 익히고 싶었다. 일단 현지 사람들을 만나면 인사부터 페르시아어로 했다. 출근하면서 '살람'을 말했고, 퇴근하면서 '호다 하페즈(신의 가호를)'를 외쳤다.

조금씩 이란 생활에 적응해 나갔지만, 이란은 결코 만만한 상대가 아니었다. 그들은 웬만하면 자국 방식을 고수하고 있었다. 토요일부터 일주일이 시작되는 것은 그렇다 쳐도, 달력의 연도와 날짜까지도 달랐다.

이란에서 즐겨 듣던 라디오 프로그램은 시작하면서 날짜를 꼭 세 번씩 언급했다. 이란력과 이슬람력, 서력으로 말이다. 이란력은 이슬람력과 마찬가지로 선지자 무함마드가 메카에서 메디나로 이주한 서기 622년이 기준이다. 서력 622년이 첫 번째 해이므로 서력에서 621년을 빼면 쉽게 이란력을 계산할 수 있다. 2013년은 이란력으로 1392년, 2018년은 1397년이다.

하지만 이란 사람들은 이슬람력마저도 자국 사정에 맞게 변형해서 사용하고 있다. 이슬람력이 1년이 354일인 태음력 체계인데 반해, 이란력은 서력과 마찬가지로 1년이 365일인 태양력 체계를 따르는 것. 이슬람력은 서력 기준 622년 7월 16일이 원년으로 해마다 1월 1일이 바뀌지만, 이란에서는 매년 3월 21일에 새해가 시작된다. 즉, 이란력 1월 1일은 우리로 치면 3월 21일이다(윤년에는 3월 20일).

이란인 직원은 이란력으로 1월부터 정확히 3개월씩 봄, 여름, 가을, 겨울이 구분된다고 말했다. 계절의 변화를 어떻게 칼로 무 자르듯이 나눌 수 있냐고 반문하니, 그는 이해할 수 없다는 표정을 지었다. 실제로 이란인들은 날짜의 흐름에 맞춰서 계절 변화를 인식했고, 새해가 되어야 진정한 봄이 온다고 생각하기도 했다. 이란의 설날인 **노루즈**Nouruz 는 새해를 기념하는 명절인 동시에 봄맞이 의식인 셈이다.

이란력은 생활 곳곳에 영향을 미쳤다. 슈퍼마켓에서 우유를 살 때도 이란력으로 된 유통기한은 알아보기가 쉽지 않았다. 이란력과 서력을 비교해 주는 앱을 설치하고서야 상한 우유를 먹을 위기는 넘겼다. 다행히 이란에서 생산된 공산품에는 대부분 가격이 적혀 있다. 페르시아식 숫자인 건 두말할 나위가 없지만, 숫자만 빨리 익히면 바가지 쓸 일은 없어 보였다. 하지만 중요한 관문이 남아 있었다.

이란의 화폐 단위는 두 개다. 공식 단위는 **리알**Rial로, 2013년 하반기 기준 1달러는 약 3만2천 리알이었다. 하지만 화폐 가치가 계속 떨어지고 물가는 치솟는 탓에 리알에서 0을 하나 뺀 **토만**Toman을 일상생활에서 사용했다. 당시 환율로 1달러는 3만2천 리알이면서, 토만으로는 3천2백 토만이 된다.

물건을 사러 가서도 화폐 단위가 토만인지 리알인지 헷갈린 적이 종종 있었다. 너무 싸서 리알이냐고 물으면 토만이라는 대답이 돌아왔다.

단어 실력부터 늘려야겠다며 사전을 사러 서점에 간 날이었다. 필요한 사전은 페르시아어 발음을 로마자로 병기해 놓은 것이었다. 몇 군데를 돌아다녀도 그런 사전은 없다고 했다. 초반부터 난관을 맞은 셈이다. 마지막으로 들른 서점에서 주인이 하는 말이 걸작이었다.

"페르시아어는 쉬워요. 페르시아 문자를 익히면 굳이 영어로 발음을 쓸 필요가 없거든요."

하나마나 한 소리였다. 어쩌랴. 이란에 왔으니 이란법을 따라야지.

05

페르시아 상인의
후예

한 나라의 수준을 알려면 서점과 도서관부터 보라고 했다. 원하는 사전은 결국 찾지 못했지만, 책 속에 파묻혀 시간을 보내니 이란에 금세 적응한 느낌이 들었다. 기분 좋은 착각이었다. 천국이 있다면 도서관의 모습을 하고 있을 거라고 말한 사람은 보르헤스였던가. 황홀한 지옥을 건너 천국으로 피신한 셈이었다.

온통 페르시아어로 된 책들을 지나 한쪽 모퉁이에 영어책이 보였다. 대부분 어학 관련 교재였다. 분명 영국이나 미국에서 출판된 책인데 엄청나게 쌌다. 한국에서 2만 원은 족히 내야 하는 원서가 10만 리알 내외, 우리 돈으로 치면 3천 원밖에 안 되는 돈이다. 아무리 이란 물가가 싸다고 해도 의외였다. 책을 한 권 집어 들고 찬찬히 페이지를 넘기니 인쇄 상태가 조악했다. 어라, 이거 해적판인가.

꽤 규모가 큰 데다가 몇 군데 분점까지 있는 대형 체인서점이었다. 이런 곳에서 버젓이 불법 복제본을 팔고 있다니, 그저 놀라울 따름이었다. 같은 책인데 어떤 건 또 매우 비쌌다. 인쇄 상태가 괜찮은 걸 보아 정식으로 수입한 버전인 듯했다. 한 서점 안에서 정품과 해적판을 동시에 팔고 있는 모습을 보니 혼란스러웠다. 이래도 되나 싶을 정도였다.

CD, DVD 같은 어학용 멀티미디어 자료도 팔고 있었다. 그 와중에 노란색 케이스가 눈에 띄었다. 어디서 많이 보던 디자인이다 했더니 로제타스톤 아닌가. 한국에서 수십만 원의 부담스러운 가격에 사지 못했고, 두바이 공항 면세점에서도 살까 말까 몇 번을 고민하다가 결국 발길을 돌렸던 제품이다. 그 로제타스톤이 바로 내 앞에 있었다.

분명 똑같은 디자인인데 구성이 매우 단출했다. 한국과 두바이에서 본 제품은 소위 말하는 박스형 세트 상품으로, 커다란 상자에 비닐이 밀봉된 모습이었다. 그런데 이란에서 만난 로제타스톤은 손바닥만 한 DVD 상자가 전부였다. 어쩐지 조금 이상했다. 뒷면에 나와 있는 가격을 보니 20만 리알이었다. 만 원도 안 된다고? 자세히 살펴보니 이것도 불법 복제판이 분명했다. 불법 복제된 제품을 서점에서 대놓고 파는 장면이 무척 낯설었다. 국제 저작권법이나 상표법은 이란 안에서 힘을 쓰지 못하는 것 같았다.

로제타스톤을 한 부 집어 들었다. 해적판을 산다는 사실이 찜찜했지만, 서점에서 사는 거라고 애써 위안했다. 집에 오자마자 포장을 뜯어보았다. 복제본답게 품질이 조악했다. CD를 넣자마자 바이러스 알림이 떴다. 설명서에 반드시 백신 프로그램을 끄고 실행해야 한다고 쓰여 있었다. 기왕 사 온 김에 체험이나 하자는 심산으로 매뉴얼을 따랐다.

프로그램은 화면에 뜨는 문장을 반복하여 듣고 따라 하는 방식이었다. 페르시아어의 '가나다'도 몰랐지만, 들리는 대로 최대한 비슷하게 흉내 내 보았다. 프로그램이 내 발음을 인식하는 모양인지, 발음이 틀리면 다음 단계로 넘어갈 수 없었다. 표현을 통째로 익히기에는 좋았다. 30년 만에 다시 신생아가 된 느낌이었다.

출근하기 전에 한 시간씩 로제타스톤을 따라 하기를 며칠, 드디어 실전의 날이 다가왔다. 업무 약속차 택시를 타야 하는 날이었다. 그동안 갈고 닦은 파르시를 연습할 좋은 기회였다. 택시에 오르자마자 기사에게 말을 건넸다.

"쇼마 더리드 러난데기 미코니드."

우리말로 하면 '당신은 운전하고 있습니다.'는 뜻이었다. 운전수가 의아한 표정을 짓더니 이내 깔깔 웃음을 터뜨렸다. 당시에는 발음이 어색해서 그런 줄로만 알았다. 기사가 어설픈 영어로 어디서 파르시를 배웠냐고 묻길래, 혼자서 맹연습 중이라고 답했다.

알고 보니 이란말은 문어체와 구어체가 완전히 구분되어 있었다(문어체는 네베슈타리Neveshtari, 구어체는 고프타리Goftari로 부른다). 벼르고 별러서 기사에게 건넨 말은 100% 문어체였다. 실생활에서는 누구도 그렇게 말하지 않으니 기사가 웃을 수밖에.

로제타스톤은 현실과 완전히 괴리된 문어체 표현만 다루고 있었다. 안 그래도 복제품을 쓴다는 생각에 찜찜했는데, 이참에 공부법을 바꿀 필요가 있었다.

테헤란에서 이란말을 배우는 가장 쉬운 방법은 '데흐호다Dehkhoda'라
고 불리는 어학원을 다니는 것이다. 데흐호다는 유명한 페르시아어 학
자로, 이란의 주시경 선생이라고 할 수 있다. 테헤란대학교에서도 어학
당을 운영하고 있지만, 매일 일정한 시간을 낼 형편은 되지 않아 과외
선생님을 소개받기로 했다.

사무실로 찾아온 선생님의 이름은 '호세이니'였다. 선생님의 표정은
차분하고도 근엄했다. 서로 간의 탐색전이 끝나고 결정적 순간이 왔다.
시간당 얼마를 주고받을 것인가, 지난한 협상이 시작되었다. 선생님이
제시한 수업료가 너무 비싸다고 말하자 돌아온 대답이 걸작이었다.

"내가 테헤란에서 제일 잘 가르쳐요."

그는 진지했다. 과연 페르시아 상인의 후예다웠다. 허풍처럼 들릴 말
을 하고도 표정 하나 변하지 않았다. 한편으로 그런 자신감이 마음에
들었다. 그가 제안한 대로 하는 대신 그만큼 잘 가르쳐 달라고 신신당
부했다. 교과서 페르시아어를 벗어나 생생한 현대 이란말을 배울 수 있
는 지름길로 비로소 접어들었다.

06

에스파한에
가야 해

이란 사람들은 대화할 때마다 으레 지방에 가 봤는지를 물었다. 하루 빨리 테헤란을 벗어나서 진정한 이란의 모습을 보길 바라는 것 같았다. 주로 언급하는 도시는 에스파한Esfahan이다. 론리플래닛도 사람을 만나는 것 다음으로 에스파한을 가 보라고 추천하고 있었다.

에스파한은 16세기 초 시아파 이슬람 국가를 공식적으로 선언한 사파비 왕조 시절부터 1795년 카자르 왕조가 테헤란으로 근거지를 옮길 때까지 300여 년간 이란의 중심이었다.

고대 이란의 정체성을 조로아스터교로부터 찾을 수 있다면, 현대 이란은 시아파 이슬람이 그 역할을 해내고 있다. 전 세계 이슬람 인구의 10%밖에 안 되는 시아파가 국민 절대다수를 차지하는 유일한 나라, 현대 이란을 이해하려면 에스파한에 응당 가야 한다.

때마침 연휴가 다가왔다. 금식월인 라마단이 끝나면 라마단 종료를 축하하는 휴일이 이틀이고, 연달아 주말이었다. 며칠 간의 연휴를 그냥 흘려보낼 수는 없었다. 2박 3일 일정으로 에스파한을 가기로 했다.

문제는 우리에게 여권이 없다는 것. 거주 비자 신청을 위해 현지 외교부에 여권을 제출한 상태였다. 이란인 직원이 귀띔하길, 여권 없이는 호텔에 묵을 수 없을 거란다. 워낙 보안과 감시가 철저하다 보니 확실하게 신분 확인이 안 되면 들여보내지 않으려는 의도 같았다.

무리하지 않겠다고 마음을 고쳐먹었지만, 막상 연휴 아침이 되자 마땅히 할 일이 없었다. 아내와 상의한 끝에 일단 부딪혀 보기로 했다. 곧장 에스파한에 간 다음, 숙소에서 정히 받아 주지 않으면 막차를 타고 돌아오자는 심산이었다.

시내버스를 타고 아르젠틴 Arjentin 광장에 있는 터미널까지 이동했다. 테헤란에 있는 시외버스 터미널 중 집에서 가장 가까운 곳이었다. 터미널은 행선지별로 창구가 있는 게 아니라 버스 회사마다 창구를 따로 운영하는 방식이었다. 몇 개 창구를 돌아보니 가격은 같았다. 테헤란에서 에스파한까지 우등버스가 편도 21만 리알, 7천 원 정도였다. 운행 거리가 500km에 달한다는 점을 생각하면 매우 저렴했다.

떠날 시각이 되어 버스에 올랐다. 비행기 비즈니스석이 연상될 정도로 자리는 넓고 깨끗했다. 자리에 앉으니 열 살 남짓밖에 안 되어 보이는 꼬마 안내원이 승객들에게 조그마한 상자를 하나씩 나눠 줬다. 오렌지 주스와 빵, 과자가 들어 있었다. 버스에서 간식 상자를 받으니 색다른 느낌이었다. 출발이 좋았다.

버스가 테헤란을 벗어나자 본격적으로 거대한 풍경이 나타나기 시작했다. 산인지 사막인지 바위인지 모를 모습이 창밖으로 끝없이 이어졌다. 버스가 아무리 속도를 낸다 해도 승용차보다 빠르지 않은 법이다. 누군가는 차로 5시간이면 갈 거라 했지만, 6시간 넘게 흐르고 나서야 에스파한에 도착했다.

날은 이미 오후로 접어들었고 내리자마자 피로가 몰려왔다. 택시기사들의 호객 행위를 피해 시내버스 정거장으로 향했다. 한시바삐 호텔을 잡으러 시내로 가야 했다. 행선지를 알 수는 없지만, 사람들이 우르르 몰려드는 버스에 함께 몸을 실었다.

에스파한도 이란답게 버스에 남녀 칸이 구분되어 있었다. 아내와 떨어져 앉았는데, 누군가의 시선이 따가웠다. 앞에 앉은 젊은 친구가 호시탐탐 말할 기회를 노리고 있었다. 먼저 눈인사를 하자 이때다 싶었는지 질문을 쏟아 냈다. 외국 유학을 준비하고 있는 대학생으로 이름은 '이스마일'이었다. 숙소를 못 잡아서 걱정이라는 말에, 외국인에게 바가지를 씌울 수도 있으니 도와주겠다고 했다. 밑져야 본전이라는 생각에 그의 호의를 고맙게 받아들였다.

시내처럼 보이는 곳에서 하차했다. 앞장서 가던 이스마일은 한눈에 봐도 허름한 호텔로 우리를 안내했다. 재워 주기만 한다면 어디든 오케이였다. 최대한 불쌍한 표정을 지으며 여권 사본을 내밀었지만, 프런트 직원은 완강했다. 이스마일은 멋쩍게 웃으면서 안 되겠다는 신호를 보냈다. 여행 가이드북에서 미리 봐 둔 호텔로 가 보자고 제안했다. 어느 정도 규모가 있는 호텔에서는 사본이라도 받아 주지 않을까 기대했기 때문이다. 호텔에 들어선 이스마일은 자기가 해결해 보겠다며 우리더러 앉아 있으라고 했다.

이스마일은 프런트 직원과 긴 시간 대화를 나눈 끝에 돌아왔다. 근처 파출소에서 확인서를 받아 오면 재워 주겠단다. 웬 이란 친구 하나가 와서 어설프게 설득하니 우리를 더 의심하는 듯했다. 처음부터 내가 직접 호텔에 통사정했으면 어땠을까 싶었지만, 이미 엎질러진 물이었다. 가방을 메고 터벅터벅 파출소로 걸어갔다. 그런데 이스마일이 자기는 현지인이라 들어갈 수 없다며 파출소 밖에서 기다리겠다고 하는 거 아닌가! 안 그래도 무서운데 이제 와서 발을 빼는 그가 얄미웠다. 슬며시 짜증도 났다.

파출소에 들어가 자초지종을 설명했다. 안되는 페르시아어로 말하려니 배가 점점 산으로 가는 것 같았다. 젊은 순경 둘은 호기심 가득한 눈으로 우리를 쳐다보다가, 어설픈 영어로 호기심을 분출하면서 낄낄거렸다. 정말이지 고역이었다. 그나마 상사로 보이는 사람이 어딘가에 연락해 통사정했지만, 결국 안 되겠다는 표정을 지었다. 한 시간 넘게 시간을 허비했는데, 결국 확인서를 받지 못한 채 파출소 문을 나섰다.

밖은 이미 어두워져 있었다. 기다리고 있던 이스마일은 우리를 위로하며 자기 집으로 가자고 했다. 우리는 한사코 거절했다. 남의 집에 신세를 진다는 사실이 부담스럽기도 했고, 애초에 숙소를 못 구하면 밤차를 타고 돌아올 생각이었다. 값비싼 수업료를 낸 셈 치자고 위안하면서 버스터미널로 향했다. 기운이 다 빠진 탓에 발걸음은 더디기만 했다.

차가 끊기지 않았을까 걱정하며, 터미널에 도착했다. 아니나 다를까.

터미널 창구는 닫히기 직전이었고, 테헤란행 버스는 이미 매진이었다. 어쩔 수 없이 에스파한에서 하루를 보내야 했다. 멋쩍은 표정을 짓고 있는 우리를 이스마일이 이끌었다.

07

메마른 생명의
젖줄

이스마일의 집은 에스파한 외곽에 있는 복도형 아파트였다. 얼핏 봐도 썩 잘사는 느낌은 아니라 더욱 미안했다. 문을 열고 들어가자 대가족이 우리를 맞이했다. 알고 보니 이스마일은 부모님이 안 계시고, 친척집에 얹혀사는 거라고 했다. 사정을 자세히 물어볼 수는 없었다. 그래서도 안 된다고 생각했다. 이스마일은 기꺼이 자신의 방을 내주었다. 우리는 간단히 샤워를 마치고 금세 곯아떨어졌다.

다음 날 일어나자마자 밖으로 나갈 채비를 했다. 조금이나마 폐를 덜 끼치려는 마음이었다. 이스마일은 아침을 먹고 가라고 가로막더니, 길 안내를 해 준다며 시내 구경은 걱정하지 말라고 했다. 하는 수 없이 이스마일의 가족과 빙 둘러앉아서 아침을 먹었다.

카펫이 깔린 방바닥이 우리의 식탁이었다. 카펫 위에 페르시아 문양

이 박힌 종이를 깔고 음식을 올려놓았다. 두툼한 생선을 먹다가 큰 가시에 입천장을 찔렸다. 씁쓰레한 피가 흘러나왔지만, 왠지 모를 의무감에 계속 미소를 띤 채 음식물을 삼켰다.

　방 한구석에는 십 년도 넘어 보이는 소형 아날로그 텔레비전이 있었다. 마침 이란 지상파 채널에서 드라마 〈대장금〉을 방영하고 있었다. 분명 한국 배우들인데 모두가 페르시아어를 매우 유창하게 하고 있었다. 어색한 분위기를 깨기 위해 화면을 가리키며 '코레(한국)'라고 말했다. 이스마일의 가족은 '양곰'이 아주 예쁘다고 우리를 한껏 치켜세워 주었다. '양곰'은 '장금'을 이란식으로 발음한 것이다. 대장금 덕분에 딱딱한 공기가 한층 누그러져서 무사히 식사를 마칠 수 있었다. 당장 신세 갚을 길은 마땅치 않고, 테헤란에 오면 꼭 연락 달라는 당부의 말을 남기며 집을 나섰다.

　'생명의 젖줄'이라고 불리는 자얀데(Zayandeh) 강가를 따라 정처 없이 걸었다. 유적을 둘러보기보다는 도시의 구석구석을 느끼고 싶었기 때문이다. 씨오쎄(Si-o-Seh), 하주(Khaju) 등 유명한 다리가 이어졌지만, 물이 말라서 바닥을 드러내고 있었다.

　걸으면서 이스마일과 많은 이야기를 나눴다. 이스마일은 이란을 떠나고 싶은 눈치였다. 스스로를 아티스트로 규정하는 그는 스페인을 이상향으로 삼고 있었다. 자신의 예술성을 한껏 드러내기에는 이란 사회에 제약이 너무 많다고 했다. 언젠가 돈을 모아서 이란을 떠날 것이라고, 담담하지만 단호하게 말했다. 구체적인 계획은 없었다. 이란만 아니면 어디든 좋다며 미국도 상관없다고 했다. 내가 랩과 힙합을 좋아한다고 했더니, 미국의 유명한 갱스터 래퍼인 **투팍**2Pac 노래를 찾아 들려주기도 했다. 이스마일에게 이란은 철저히 **안티테제**Antithese였다.

이스마일뿐만은 아니었다. 대부분 젊은이에게 이란은 탈출하고 싶은 대상이었다. 그들의 가장 큰 목표는 유학 아니면 이민이었다. 세속과 종교가 아슬아슬한 균형을 이루고 있는 이란에서도 신세대는 거침이 없었다. 혈기왕성한 그들에게 이슬람 공화국은 종교가 모든 것을 잠식하는 따분한 블랙홀과 다름없었다. 국가의 발전은 아무려나 관심이 없었다. 어설프게 연대하고 변화를 모색하다가 화를 입느니 개인의 행복을 찾아 밖으로 나가고 싶어 했다. 체제가 얼마나 강력하고 무서운 것인지, 구성원 전체를 파편으로 만들어 버린 느낌이었다.

메마른 자얀데 강을 보고 있노라니 이란의 현실이 겹쳐졌다. 생명의 젖줄은 끊겼지만 씨오쎄 다리는 군건했다. 물이 마른 현실에서 다리는 물 위를 건너는 도구로서의 효용을 잃었다. 하지만 그 누구도 물을 채울 생각도, 다리 밑으로 새 길을 내려 하지도 않는 듯했다. 그저 현실을 받아들이고 400년도 넘은 다리 위를 자조적으로 걸어 다닐 뿐.

에스파한의 별명은 이란말로 한껏 운율을 맞춘 '네스페 자한Nesf-e Jahan'이다. 번역하면 '세상의 절반'이라는 뜻이다. 16세기에 수도가 된 이래로 세상의 아름다움을 담으려는 노력이 계속되었고, 명실상부한 이란의 문화 수도가 되었다. 하지만 사의 반, 타의 반으로 세상의 절반과 담을 쌓고 있는 게 이란의 현실이다. 세상의 절반을 에스파한에 담으려던 사파비 왕조의 의도가 이란 이슬람 공화국에서 본의와 다르게 실현되고 있었다.

08
아자디 구장의
오프사이드 규정

"게르메즈야? 아비야?"

내가 축구를 좋아한다고 얘기하면, 테헤란 사람들은 이 질문부터 했다. '게르메즈Ghermez'와 '아비Abi'는 빨간색과 파란색을 뜻하는 페르시아어로, 테헤란 연고의 프로축구팀 페르세폴리스Persepolis와 에스테글랄Esteghlal의 애칭이다.

축구는 현대 이란의 역사에서 근대화의 상징 중 하나로 여겨진다. 1925년, 이란 카자르 왕조가 막을 내리고 왕권을 잡은 사람은 군인 출신인 레자 파흘라비Reza Pahlavi였다. 흔히 팔레비 왕으로도 알려진 그는 쿠데타로 권력을 쥐자마자 나라 전체를 근대화하는 작업에 돌입한다. 전국적으로 도로와 철도 등 사회 간접자본을 구축하는 동시에 초중등

교육 제도를 도입했다. 여성의 히잡 착용을 법으로 금지했으며, 군대에서 반드시 축구를 하도록 했다. 이슬람의 전통적 관행을 뿌리 뽑으려 한 것이다.

축구 보급은 전통 이슬람 사회였던 이란에 충격으로 다가왔다. 짧은 반바지를 입고 하는 축구는 무릎 아래까지 가려야 하는 이슬람 율법을 위배하는 일이었다. 이슬람 성직자들은 공공연하게 공을 차는 사람에게 돌을 던지라고 설파하기도 했다. 하지만 산업화의 물결에 따라 도시로 몰려든 사람들은 여가를 이용해 축구를 즐기기 시작했다.

1941년, 아버지에 이어 2대 왕에 오른 **모함마드 레자 샤**Mohammad Reza Shah는 보다 적극적으로 축구를 장려했다. 텔레비전이 대중 매체로 자리 잡은 1970년대에 이르면, 입장권을 살 여유가 없는 도시 노동자들은 텔레비전 중계로 축구를 관람하게 되었다. 이후로 축구 붐이 일면서 왕실에서 후원한 **타지**Taj(에스테글랄의 전신) 클럽과 서민층의 지지를 받은 페르세폴리스 간에 라이벌 관계가 형성되었다. 당시 타지 클럽의 유니폼이 파란색, 페르세폴리스는 빨간색이었던 것이 팀의 애칭이 되었다. 나에게 빨강인지, 파랑인지 정체를 밝히라고 한 까닭이 여기에 있다.

1974년, 이란은 중동 최초로 테헤란 아시안 게임을 개최했다. 주경기장인 **아리아메흐르**Aryamehr 스타디움은 최대 12만 명을 수용할 정도로 규모가 엄청났다. 대규모 토목 공사를 수반한 세력 과시용 정책은 파흘라비 왕조에 대한 커다란 사회적 반발을 불러일으켰고, 결국 1979년 이슬람 혁명의 불씨가 되었다. 왕정은 폐지되고 정교일치 체제인 이란 이슬람 공화국이 수립된 것이다.

이슬람 공화국의 새 지도층은 서구화된 스포츠를 통제하는 작업부터 진행했다. '아리아인의 빛'이라는 모함마드 레자 샤의 별명에서 따온 아리아메흐르는 '자유'를 뜻하는 '아자디' 구장으로 이름이 변경되었고, '왕관'이라는 의미의 타지 클럽은 '독립'을 뜻하는 '에스테글랄' 구단이 되었다. '왕관' 클럽의 선수들은 졸지에 '독립' 팀이 되어 '자유' 구장에서 뛰게 된 셈이다. '독립'과 '자유'는 이슬람 혁명 때 거리로 뛰쳐나온 군중의 대표적인 구호였다.

'자유' 경기장에서 '독립' 팀을 만날 기회는 예상보다 빨리 찾아왔다. 이란에 온 지 몇 달 지나지 않았을 때다. 아시아 대륙 축구클럽의 최강자를 가리는 2013 AFC 챔피언스리그 4강전이 테헤란 아자디 경기장에서 잡혔다. 홈팀은 파란색 유니폼의 에스테글랄, 상대는 K리그를 대표하는 FC서울.

서울에서 열린 1차전에서 FC서울이 2:0으로 승리를 거둔 터라, 비기거나 한 골 차이로 져도 결승에 올라갈 수 있는 상황이었다. 문제는 아자디 경기장은 한국 선수들과 팬들에게 매우 악명 높은 곳이라는 점이다. 테헤란은 알보르즈 산맥 바로 밑에 자리 잡은 고산 지대로, 아자디 구장의 고도는 1,274m에 달한다. 하지만 문제는 따로 있다. 다양한 즐길 거리가 없는 탓인지, 워낙 축구 인기가 많아서 그런지, 10만 명을 넘게 수용할 수 있는 거대한 경기장에 관중이 꽉꽉 들어찬다. 물론 전부 남자로 말이다(이슬람 공화국답게 여성의 출입을 엄격히 제한하고 있다). 10만 명의 남자가 쉴 새 없이 뿜어내는 무시무시한 양기에 선수들은 경기 중 기본적인 의사소통조차 힘들어한다.

이러한 탓에 우리 국가대표팀은 한 번도 테헤란 원정에서 승리한 적
이 없었다. 2009년 2월, 남아공 월드컵 최종예선을 앞두고 이란 팀의
주장 네쿠남은 '아자디 구장에서 한국 팀은 지옥을 맛볼 것이다.'고 말
했다. 대한민국의 주장 박지성은 '천국이 될지 지옥이 될지는 경기가
끝나 봐야 알 것'이라고 맞받아쳤지만, 결국 무승부를 거둬 징크스를
깨지 못했다.

국가대표팀 경기는 아니라도 FC서울의 승리를 바라는 마음은 굴뚝
같았다. 대륙별 챔피언스리그는 각국 리그의 몇몇 상위 팀에게만 출전
권이 주어지기 때문에 국가 대항전이나 다름없었다. 교민 사회에서도
응원단을 조직했고, 이란 당국은 원정팀 응원단의 신변을 보호하기 위
해 공권력까지 가동했다. 응원단은 다 해야 백 명이 안 되는데, 배치된
경찰은 그에 맞먹었다. 의무복무를 하는 이란 청년들이 우리를 둘러싸
고 앉았다. 허리에 곤봉을 찬 채.

평일 저녁인데도 이란 남성들은 삼삼오오 파란색 깃발을 들고 아자
디로 모여들었다. 거대한 운동장은 금세 가득 찼다. 경기가 끝난 후 집
계한 공식 관중 수는 88,330명. 9만 명을 90명이 감당해야 했으니, 일
당백도 모자라 한 사람당 천 명을 맡아야 이란 응원단에 버금갈 수 있
었다.

골대 뒤편에 격리된 우리 응원단은 큰 북과 꽹과리로 수만 명의 이
란 남성을 상대하기 시작했다. 우리 응원단에서만 볼 수 있는 또 하나
의 진풍경은 여성 응원단이었다. 주최 측은 외국인에 한해 여성의 출입

을 허락했기 때문이다. 운동장에 조금씩 퍼져나간 하이톤의 여성 목소리는 이란 관중들에게 매우 낯설었을 것이다.

얼마 안 되는 인원으로도 '대~한민국'을 외치며 단합된 우리의 모습을 보고, 이란 남성들이 도발해 왔다. 그들은 매우 거칠어 보였다. 안전 펜스를 넘어오려는 동작을 취하거나 우리를 둘러싸고 앉아 있는 경찰들에게 삿대질하며 소리를 질렀다. 경찰들은 으레 그렇다는 듯 눈 하나 깜빡하지 않았다. 병역 의무를 마친 한국 남성으로서 괜스레 애잔함과 동질감이 느껴졌다.

경기는 시종 흥미진진했다. 우리가 선제골을 뽑고 앞서나갔지만, 이란이 후반전에 두 골을 연달아 넣으며 2:1로 역전에 성공했다. 그대로 끝나도 결승전에 올라갈 상황이었으나, 경기 막판 페널티킥에 성공하며 2:2 무승부로 결승 진출을 확정했다. 우리 선수들은 얼싸안고 기쁨을 누렸다.

선수들이 고마움을 표시하러 응원단 쪽으로 다가왔다. 상암동 월드컵경기장을 제집 드나들 듯 다니던 내가 아니던가. 가까이 온 선수들에게 목청껏 FC서울 응원가를 불러주었다.

"서울의 전사여, 함께 가자. 그대의 투혼이 승리를 부른다. 나의 사랑 FC서울!"

이란까지 올 수 없었을 서포터즈를 대표해 부른 노래에 선수들은 금세 표정이 밝아졌다. FC서울의 상징인 공격수 데얀(2018년 수원 삼성으로 이적)은 즉석에서 땀에 젖은 유니폼 상의를 벗어 내게 던져 주었다.

경기가 끝나자마자 일사불란하게 경찰들이 일어나 펜스 앞에 경계를 섰다. 몇몇 이란 관중이 흥분하여 한국 응원단 구역으로 물병을 던졌지만, 지휘관은 엄한 표정으로 즉각 자제하라고 경고했다.

이란 관중이 모두 경기장을 빠져나갈 때까지 한 시간 넘게 펜스 안에서 대기하면서, 아자디가 의미하는 자유가 과연 무엇일까를 생각했다.

1970년대까지 이란은 미국과 영국, 러시아 등 외세의 영향 아래 있었다. 자본주의와 공산주의의 대결에서 이란은 그야말로 이념의 요충지였다. 미국의 우산을 쓰고 호가호위하는 파흘라비 왕조의 모습에 이란 국민들은 절망했고, 1979년 이슬람 혁명에서 '독립, 자유, 이슬람 공화국'을 외쳤다. 강대국으로부터 독립적이고 이념 대결에서 자유로운 이슬람 공화국이 당시 이란 민중들에게 유일한 대안이었다.

혁명의 성공으로 강대국의 틈바구니에서 벗어나 국가적으로는 자유를 얻었지만, 개인의 소소한 자유는 하루아침에 속박되었다. 이슬람 복식을 따르지 않으면 처벌받았고, 거리의 술집은 문을 닫았다. 누구든 이슬람 율법을 엄격히 지켜야 했다.

여성의 경기장 출입도 금지되었다. 다른 남자의 맨살을 보면 안 되고, 거친 욕설을 내뱉는 그들로부터 격리되어야 한다는 게 주된 이유였다. 두 눈으로 축구를 보고 싶은 의사가 반영될 여지는 없었다.

다른 사람에게 피해를 주지 않는 범위에서 원하는 것을 뜻대로 할 수 있는 상태가 '자유'라면, '자유' 운동장은 누구에게나 자유를 허용하지 않았다. 이란 여성들이라고 왜 축구를 보고 싶지 않겠는가. 그들의 심정에 마음을 쏟았더니 괜히 내가 다 울컥할 정도였다.

축구를 보려는 이란 여성팬들의 눈물겨운 노력을 담은 영화가 있다.

자파르 파나히Jafar Panahi 감독은 〈오프사이드〉에서 이란의 모순된 현실을 꼬집는다. 월드컵 최종예선 경기를 보기 위해 남자로 분장하면서까지 운동장에 들어가려던 소녀들의 작전은 단속에 걸려 수포로 돌아간다. 경기장 바깥에 설치된 약식 구치소에 감금된 그들은 운동장에서 흘러나오는 관중들의 함성을 계속해서 들어야 했다. 그들에게는 희망 고문이나 마찬가지였을 테다.

이란에서 여성이 축구 경기장에 가는 것은 금지된 선을 넘는 행위다. 축구 규정으로 치면 오프사이드다. 이란은 오프사이드를 잡아내기 위해 세상에서 가장 까다로운 심판을 두고 있으며, 그 심판의 판단은 또 매우 주관적이다. 똑같은 행위라도 남성은 괜찮고, 여성에게는 허용되지 않는다.

경기마다 수만 명이 운집하는 '자유' 운동장에 여성이 드나들 '자유'는 없다는 사실에, 경기장을 빠져나오는 발걸음이 새삼스레 무거워졌다.

09

KFC 찾아
삼천리

분명 멜라트^{Mellat} 공원 맞은편에 있다고 그랬다. 주변 건물을 샅샅이 뒤졌는데도 강렬한 빨간색 간판은 보이지 않았다.

'그럼 그렇지, 이란에 무슨 미국 프랜차이즈 식당이 있겠어?'

포기하고 돌아서려는 찰나, 어디서 많이 보던 문구가 눈에 띄었다. '쏘굿^{So good}', KFC의 슬로건이었다. 50년 동안 '손가락을 핥아 먹을 만큼 좋은^{Finger-lickin' Good}' 맛을 내세웠던 KFC는 2011년부터 '아주 좋은' 음식으로 홍보 문구를 바꿨다. 맛을 넘어서 건강한 삶과 행복을 추구한다는 의미일 테다. 가게 입구에 인자한 표정의 커널 샌더스^{Colonel Sanders} 모형은 없지만, 치킨집이 분명했다.

조심스레 문을 열고 들어갔다. 빨간색과 흰색이 대비된 매장 인테리어가 KFC와 아주 비슷했고, 직원들의 유니폼마저 흡사했다. 그런데 정작 KFC 로고가 없었다. 단지 '쏘굿'이라고 적혀 있을 뿐. 주문을 하려 보니 메뉴도 KFC와 똑같다. 치킨 살코기를 통으로 넣은 징거버거 세트를 시켰다. 음료를 일회용 종이컵이 아니라 캔으로 주는 게 좀 색달랐지만, 맛은 한국에서 먹던 그대로다. 간판만 내걸지 않았지, 천연덕스럽게도 모든 부분이 비슷했다.

찜찜한 마음으로 며칠을 보냈다. 궁금증을 참지 못하고 쏘굿 매장 근처에서 일하는 지인에게 전화를 걸어 다짜고짜 자초지종부터 물었다. 그 친구 말로는 얼마 전까지 간판도 KFC였단다. 무슨 연유인지 어느 순간 KFC는 자취를 감췄고, 슬로건이 가게 이름이 되었다나. 맛이 KFC와 똑같아서 자신도 종종 끼니를 때우러 들른다고 했다.

이란 땅에 발붙이고 숨 쉬는 시간이 늘면서 자연스럽게 의문은 풀렸다. 이란은 철저하게 서구 패스트푸드 체인점을 통제하고 있었다. 2015년 말에는 테헤란 서쪽 지역에 KFC 유사 매장이 문을 열었다가 하루 만에 철퇴를 맞았다고 한다. 가게 주인은 미국이 아닌 터키 브랜드와 계약을 맺었다고 경찰에 항변했다. 매장 이름도 'KFC 할랄'로 다르고, 철저하게 이슬람 도축 방식을 따른다며 억울함을 호소했지만, 이란 당국은 받아들이지 않았다. 매장 인테리어가 성조기를 연상시킬뿐더러, 이란 이슬람 공화국의 문화적 가치를 훼손한다는 이유로 말이다. 소식을 들은 KFC 미국 본사도 한마디 거들었다. 아직까지 이란 사업자와 프랜차이즈 계약을 맺은 적이 없으며, 상표를 무단 도용하면 법적 대응을 강구하겠다고 못 박았다. 이제는 쏘굿이 된 가게도 양쪽에서 들어오는 압박감을 견디지 못해 간판을 바꾸었을 것이다.

테헤란 남북을 관통하며 도시의 줄기 역할을 하고 있는 **발리에아스르**Vali-e-Asr 거리*를 걷다 보면 쏘굿 같은 짝퉁 체인점을 손쉽게 찾을 수 있다. 멜라트 공원에서 발리에아스르 거리를 따라 북쪽으로 가는 길에 커다란 패스트푸드점 두 개가 나란히 붙어 있다. 치킨을 파는 'SFC'와 햄버거를 파는 '슈퍼스타'가 그것이다. SFC는 누가 봐도 KFC의 글씨체를 똑같이 따라 했고, 슈퍼스타는 미국 햄버거 브랜드 '하디스'의 별 모양 로고를 몰래 가져왔다. 스타벅스 로고를 교묘하게 따라 한 라이스 Raees 커피가 있고, 맥도날드의 황금 아치는 뒤집혀서 'W' 모양을 하고 있다.

발리에아스르 거리의 북단, **타지리쉬**Tajrish 광장에 있는 '카부키 치킨'도 KFC를 어설프게 흉내 낸 짝퉁이라고 생각했는데, 식당 안에 KFC 창립자인 커넬 샌더스의 사진이 걸려 있었다. 알고 보니 KFC 테헤란점의 개장을 축하하기 위해 방문했을 때 찍은 사진이었다. 이슬람 혁명이 일어나기 바로 전해인 1978년, 친미 정책을 적극 펼치던 파흘라비 왕조가 저물기 직전이었다. 혁명이 끝나고 KFC 테헤란점은 간판을 내렸다.

. . . .

＊ 발리에아스르 거리는 이슬람 혁명 전까지 파흘라비 거리였다. 1933년, 장장 17.9km로 완공되어 중동에서 가장 긴 단일 거리로 알려져 있다. 파흘라비 왕조는 프랑스 거리를 본떠 한껏 멋을 부려 놓았다. 길 곳곳에 큰 나무를 심었고, 양쪽으로 배수 시설도 만들었다. 왕의 이름이 붙은 만큼 공을 많이 들인 것이다. 혁명이 성공하자 왕의 이름은 이내 지워졌다. 미국에 의해 축출된 모사데크(Mosaddegh) 수상의 이름으로 바뀌었다가 결국 발리에아스르가 되었다.

이란인들이 미국 문화를 접하지 못하거나 혐오하리라는 선입견과 달리, 대개의 이란 사람들은 미국을 비롯한 서구 문화에 거리낌이 없다. 발리에아스르 거리에는 미국식 패스트푸드점이 줄지어 있고 쏘굿, SFC, 카부키 같은 치킨 가게는 언제나 문전성시를 이룬다. 리바이스 청바지를 입고, 나이키 운동화를 신은 채 미국식 치킨을 뜯는 남녀의 모습도 어디서든 쉽게 찾을 수 있다. 개봉한 지 얼마 안 된 할리우드 영화 DVD를 파는 노점상도 심심찮게 볼 수 있다.

유명 사회학자 조지 리처는 저서 〈맥도날드 그리고 맥도날드화〉에서 미국이 주도하는 세계화의 이면을 다뤘다. 책의 논의를 적용하면 이란에 '맥도날드'는 없지만, 이란판 '맥도날드화'는 진행되고 있다.

발리에아스르 거리의 짝퉁 치킨에 질릴 때면 나라 바깥으로 향했다. 가장 가까운 곳은 1,219km 떨어져 있는 두바이였다. 십 리가 4km이니 '진짜' 미국 패스트푸드점을 찾기 위해 삼천리를 날아간 것이다.

두바이 공항에 내리자마자 KFC 치킨을 뜯으며 해방감과 동시에 무력함을 느꼈다. 고립된 세계에서 탈출했다는 해방감과 결국 미국식 정크푸드에 심신이 지배당하고 있다는 무력함이었다. 부끄럽게도 나는, 식욕은 이성의 통제 밖에 있다고 애써 위안하며 치킨 뼈를 발라냈다.

나데르와
주유총

출국 전 한국에서 주문한 자동차가 도착했다. 넉넉하지 않은 형편에 통장을 탈탈 털어서 산 SUV였다. 이란은 수입차에 관세를 100% 이상 부과하고 있었다. 이란에서 현대자동차 쏘나타를 사려면 5만 달러에 가까우니, 정확히 한국 가격의 두 배였다. 웬만한 거리는 걸으려는 심산이었지만, 혹시 필요한 일이 생길지 몰라 마련했다.

이란 남부인 반다르압바스 항구에서 북부 테헤란까지 1,000km 이상을 달려온 차는 먼지를 흠뻑 뒤집어쓰고 있었다. 일단 세차부터 하고 주차장에 고이 모셔 놓았다. 테헤란의 교통 사정을 떠올리면 운전대를 잡을 엄두가 도저히 나지 않았다. 이란에서 운전은 무리라며 현지인 기사를 고용한 직원도 더러 있었지만, 젊은 나이에 사람을 부린다는 게 영 마뜩잖았다. 당분간 도보로 출퇴근하면서 여유를 가져 보기로 했다.

생각보다 차를 쓸 일은 많지 않았다. 사무실에서 가까운 곳에 집을 구한 까닭이다. 잠자는 시간을 제외하면 하루의 절반 이상을 회사에서 보내고, 정 필요하면 버스나 택시를 타도 될 일이었다. 애써 먼지를 벗긴 차에 다시 먼지가 쌓여 갔다. 차를 보는 내 마음도 텁텁해졌다.

동네 주변에서 주행 연습이라도 해야만 할 것 같았다. 면허증이 나오자마자 하루 날을 잡았다. 주유소부터 찾아갔다. 이란은 산유국답게 기름값이 매우 쌌다. 2018년 1월 기준, 일반유가 리터당 1만 리알이고 '수페르Super'로 불리는 고급유가 1만2천 리알이다. 우리 돈으로 계산하면 리터당 400원이 채 안 되니, 50리터를 꽉 채워도 2만 원이면 충분했다.

원래는 운전자가 직접 기름을 넣는 방식인데, 외국인인 내가 가기만 하면 직원이 대신 주유총을 잡으려고 승강이하며 팁을 요구했다. 그럴 때마다 한국에서 본 영화 〈씨민과 나데르의 별거〉가 떠올랐다.

영화에서 남자 주인공 나데르는 딸과 함께 주유소에 간다. 나데르는 고등학생인 딸의 자립심을 키워 주고자 딸에게 기름을 넣으라고 한다. 딸은 어색한 표정을 지으면서도 아빠가 시키는 대로 하는 수밖에 없다. 쭈뼛대며 계산을 하려는 소녀가 만만해 보였는지 주유소 직원은 팁을 요구한다. 딸이 팁을 건넨 사실을 알게 된 나데르는 딸에게 다시 돈을 받아 오라고 말한다.

"네가 기름을 넣었잖아. 저 사람은 한 게 없어."

직원들은 이방인 나를 보고 언제나 호감을 표시했다. 어디서 왔는지, 페르시아어는 어떻게 배웠는지, 시시콜콜한 질문이 끝없이 이어졌다. 어영부영 대답을 이어 가다 보면, 직원은 어느새 주유총을 들고 휘발유를 '만땅' 채워 놓았다. 그리고 웃으며 팁을 요구했다. 주변의 이란인 운전자들은 모두 직접 기름을 넣고 있었다.

특권을 누리고 싶지 않았다. 돈을 조금 번다고 해서 어쭙잖게 편한 방식에 적응해 버리면 그만큼 이란의 현실과 멀어질 것 같았다. 어느 순간부터 직접 주유총을 잡았고, 돈도 계기판에 뜬 만큼만 건넸다. 팁을 요구하면 너스레를 떨면서 '내가 직접 하지 않았냐'고 되물었다. 상대는 머쓱한 웃음을 지었다. 안쓰러운 마음도 들었으나 나데르처럼 강퍅한 태도를 유지하고 싶었다.

이란은 원유가 풍부한 에너지 강국이다. 2017년 BP The British Petroleum 자료에 따르면 이란의 원유 매장량은 베네수엘라, 사우디아라비아, 캐나다에 이어서 세계 4위다. 다섯 손가락 안에 드는 기름 부자 나라이지만, 오랜 경제 제재로 정제 시설 부족과 노후화를 겪으며 완성유를 수입하는 현실이다.

더군다나 이란에서 생산한 기름은 조악한 품질로 악명 높다. 기름을 가득 채우고 주행할 수 있는 거리가 고작 300km 내외로 리터당 연비가 고작 5~6km밖에 되지 않는다. 연비가 떨어질 뿐 아니라, 거리로 나온 차들은 한결같이 시꺼먼 매연을 뿜어내고 있다. 자국 제품과 수입품의 격차는 벌어질 대로 벌어져서 따라잡으려면 수십 년이 걸릴지도 모른다. 오랜 경제 제재로 질 높은 외국 제품을 싼 가격에 들여오기란 사실상 불가능하다.

테헤란에서 가장 많이 볼 수 있는 자동차 브랜드는 푸조와 기아자동차다. 푸조는 대부분 90년대 유럽에서 볼 수 있을 법한 '206'과 '405' 모델이다. 알고 보니 이름만 푸조일 뿐, 이란 국영 자동차 기업인 **이란 호드로**Iran Khodro가 생산한 이란산이다. 프랑스에서 단종된 생산설비를 들여와 만든 것으로, 양쪽의 필요가 절묘하게 맞아떨어진 결과다.

겉보기에는 기아자동차의 '프라이드'가 분명한데 차 이름만 다른 경우도 있다. 이란호드로와 경쟁하는 이란 2대 자동차회사 **사이파**Saipa는 2001년에 기아의 구형 프라이드 생산설비를 가져와서 자신들 브랜드로 시장에 내놓고 있다. 트렁크가 있는 모델은 **사바**Saba, 트렁크가 없는 해치백 모델은 **나심**Nasim 이다. 과거 우리나라와 달리 이란에서는 트렁크가 있는 사바가 훨씬 인기가 많다. 저렴한 가격에 짐까지 실을 수 있어서 택시로 쓰일 정도다.

내가 만나 본 이란 사람들은 제대로 된 모델을 개발하지 못하고 수십 년 뒤처진 외국 차를 들여와 만들고 있는 자국 자동차 브랜드에 회의를 느끼고 있었다. 택시 기사들은 1970년대에는 이란호드로와 사이파가 현대, 기아자동차보다 잘 나갔다며, 이슬람 혁명 이후 모든 산업이 뒷걸음질 치고 있다고 자조 섞인 웃음을 던졌다.

시간이 흐르며 테헤란 교통 환경에 조금씩 적응해 갔다. 들짐승 같은 운전자 무리에서 가족과 나의 목숨을 지키려면, 혼자 고고한 학처럼 얌전히 차를 몰기는 어려웠다. 클랙슨을 수없이 울리며 안전거리를 확보하고자 고군분투했다. 하지만 내가 아무리 클랙슨을 눌러 대도 상대는 으레 그러려니 꿈쩍도 하지 않았다.

11

잘사는 사람의
사회

테헤란에서 가장 유명한 대형마트는 하이퍼스타 Hyperstar 다. 이름만
다를 뿐 내부는 프랑스 **카르푸**Carrefour와 똑같다. 카르푸의 중동 총괄
법인인 **마지드 알 푸타임**Majid Al Futtaim은 이란에 진출하면서 철저히 현
지화를 시도했다. 프랑스 색채가 드러나지 않도록 의도적으로 이름부
터 감추고, 로고 역시 이란 국기의 색조로 바꾸면서 살짝 모양을 변형
했다. 편리한 슈퍼마켓 시스템에 목마른 이란 소비자들의 반응은 폭발
적이었다. 휴일인 금요일에는 발 디딜 틈도 없었다.

집에서 멀지 않은 곳에 타지리쉬 바자르가 있지만, 물건마다 흥정해
야 하는 까닭에 양손 가득 식료품을 들고 돌아올 때면 녹초가 되기 일
쑤였다. 차를 몰 용기가 생기면서부터 자연스레 발길은 정찰제인 현대
식 마트로 향했다.

테헤란 서쪽에 있는 하이퍼스타까지는 집에서 차로 30분. 평일에도 주차장 밖으로까지 늘어선 차량 행렬을 보면 가슴이 턱 막혔다. 하이퍼스타가 아무리 커도 천만이 넘는 테헤란 시민을 홀로 감당하기는 무리다. 그렇다고 뾰족한 수가 있는 것도 아니어서 나라고 대열에서 이탈할수 없었다. 다른 이란 소비자처럼 꾸역꾸역 차례를 기다려서 매장으로 들어갔다.

진열대에는 독일, 일본, 한국에서 들여온 제품이 눈에 많이 띄었다. 오랜 시간 경제 제재를 받아서 그런지 수입품의 가격이 매우 비쌌다. 이란산보다 세 배가 넘는 가격이고, 우리나라보다 훨씬 비싼데도 찾는 사람이 많았다. 옆에 있는 이란산은 한눈에 봐도 품질이 조악했다.

아내와 나는 샴푸를 사면서 티격태격했다. 나는 이란에 왔으니 이란산을 쓰겠다고 고집을 부리는 입장이었고, 아내는 반대였다.

"샴푸가 다 거기서 거기지, 세 배나 되는 돈을 주고 굳이 한국제품을 사고 싶지 않아."

"다른 데도 아니고 머릿결은 민감한 부분이니 샴푸는 한국 걸로 쓰고 싶어."

결국, 나는 이란산 아베를 샀고, 아내는 한국에서 수입된 엘라스틴을 사면서 절충했다. 각자 맘에 드는 샴푸를 하나씩 카트에 담았다. 계산대에선 비닐봉지를 잔뜩 쌓아 놓고 물건을 담아 줬다. 환경 규제가 없어서인지 봉지 인심이 후해서, 한 번 쇼핑하면 비닐봉지가 열 개도 넘게 나왔다.

집에 돌아와 쇼핑한 물건을 풀어놓는데 비닐봉지가 끈적끈적했다.

샴푸만 따로 빼서 담은 봉지였다. 불길한 예감에 보니, 이란산 아베가 줄줄 새고 있었다. 뚜껑이 분명히 닫혀 있는데도 샴푸가 흘러나왔다. 아내가 산 엘라스틴에도 흥건히 묻었다. 황급히 용기 표면을 물로 씻어 내고 아베 샴푸를 빈 용기에 옮겨 담았다. 흘리지 않으려고 주의를 기울이면서 마음 한편이 착잡했다. 샴푸의 질은 그렇다 쳐도, 통도 하나 제대로 못 만든다는 말인가.

일상생활에서 되도록 이란 공산품을 쓰려고 노력했지만, 만족도는 현저히 떨어졌다. 뚜껑이 잘 닫히지 않는 샴푸, 마감이 제대로 되지 않은 티셔츠, 얼마 지나지 않아 불이 나가는 전구까지. 마음 놓고 이란산을 집는 경우는 과일과 채소를 살 때가 유일했다. 세계 시장에서 중국산의 평판이 매우 낮지만, 이란에서만큼은 예외였다. 이란산의 낮은 품질은 중국산에 비할 바가 아니었다.

이란에서 돈 있는 사람들은 웬만하면 수입 제품을 썼다. 부유층이 모여 사는 테헤란 북부에 가면 우리 돈으로 수억 원에 달하는 최고급 차량도 심심찮게 볼 수 있었다. 관세를 고려하면 우리나라 시중 가격의 두 배가 넘는 차가 분명하다. 20대 중후반의 젊은 친구들이 람보르기니, 마세라티 같은 슈퍼카를 몇 대씩 모는 경우도 있다. 돈 많은 부모가 자식들 성화에 못 이겨 사 준 경우가 대부분이라고 했다. 이란이라고 해서 부익부 빈익빈 현상이 없을 리 없다. 20%를 웃도는 높은 이자율 덕에 부자들은 더욱 쉽게 부를 축적하고 불리고 있었다.

이슬람 혁명은 왕 한 사람보다 민중이 골고루 잘사는 체제를 지향했을 것이다. 하지만 1979년 이슬람 혁명 이듬해부터 8년 동안 이라크 전쟁을 거치며 산업 전반이 급격히 낙후되기 시작했다. 첨단산업 발전의 대열에서 멀어진 이란은 자연스레 세계의 중심에서 동떨어졌다. 정체는 곧 퇴보였다.

지금 이란의 현실은 혁명의 이상과는 거리가 멀어 보인다. 혁명 과정에서 부를 축적한 사람들은 새로운 기득권이 되었고, 낙후된 산업의 피해는 고스란히 서민 몫으로 돌아왔다. 어느 나라나 마찬가지겠지만, 누구나 기득권이 되는 순간 사회가 품고 있는 모순에 둔감해진다.

줄줄 새는 이란 샴푸는 품질도 조악했다. 머리를 감고 나면 뻣뻣한 느낌이 들었다. 하지만 하루, 이틀 쓰다 보니 어느새 머리카락이 샴푸에 적응했다. 이란 샴푸로 무리 없이 머리를 감고 있는 나를 보면서 '잘사는 사람'과 '잘사는 사회'를 떠올렸다. 전자가 부를 축적한 일부 사람이라면, 후자는 많은 구성원이 탈 없이 순조롭게 사는 사회이자 품질 좋은 물건을 합리적인 가격에 살 수 있는 곳일 테다.

제한된 선택권으로 자국산 아베 샴푸만 쓰는 이란 소비자가 가격 부담 없이 품질 좋은 샴푸를 살 수 있는 날은 언제 올까, 생각하니 가슴이 답답해졌다. 이란에 잘사는 사람이 아무리 많다고 해도, 결코 잘사는 사회라고 할 수 없었다.

12

여기는
이란이니까

한밤중이었다. 에스파한에서 테헤란으로 돌아오는 버스는 터미널로 향하지 않았다. 시내로 들어서는 남쪽 초입에서 일부 내려 주고, 이란 북부에 있는 도시로 간다고 했다. 표를 구하지 못해 완행을 탔더니, 졸지에 길 한가운데서 내려야 했다. 천만다행으로 우리와 함께 내린 사람이 몇 명 더 있었다.

난감했다. 어느 곳이든 새벽에 택시 잡기란 쉬운 일이 아니다. 더군다나 인적이 드문 테헤란 남부 고속도로 갓길이 아닌가. 눈치를 보며 다른 사람들을 뒤따라 걸을 수밖에 없었다.

이란 사람들은 횡단보도 근처에 서더니 하나둘 택시를 잡아타고 떠나기 시작했다. 우리가 대열의 맨 마지막이었다. 자칫하면 택시도 못 타고 길에서 밤을 새우게 될 판이었다.

앞에 서 있는 이란 남성에게 간절한 표정으로 SOS를 청했다.

"코막 코닌(도와주세요)!"

다행히 청년은 자신이 먼저 잡은 택시를 우리에게 양보했다. 우리의 목적지는 테헤란 최북단에 있는 **벨렌작**Velenjak이었다. 택시를 타기 전, 목적지까지 얼마를 내야 하는지 청년에게 물었다. 청년은 기사와 몇 마디 대화를 나누더니 손가락으로 '2'를 가리켰다. 20만 리알을 의미했다. 우리 돈으로 칠팔천 원이니 적당해 보였다. 고맙다는 표시로 악수를 하고 차에 올랐다.

이란 택시에는 대부분 미터기가 없는데도, 현지인들은 아무런 불편을 느끼지 않았다. 거리에 따라 얼마가 나올지 얼추 알고 있기 때문이다. 요금을 미리 확인하지 않아도 바가지를 씌우는 경우는 드물었다. 하지만 외국인 승객이라면 또 이야기가 달라진다.

타지리쉬 바자르에서 간단히 장을 보고 돌아올 때면 늘 택시를 탔다. 갈 때는 내리막이어서 걷기 수월했지만, 올 때는 가파른 경사를 이겨내지 못하고 유혹에 넘어갔다. 그런데 타지리쉬 광장에서 집까지의 택시 요금이 천차만별이었다. 같은 거리인데도 5만 리알, 7만 리알, 10만 리알까지, 탈 때마다 가격이 변했다. 먼젓번에는 5만 리알에 갔다고 말하는 것도 한두 번이지, 매번 흥정하는 일에 지쳐 갔다.

곰곰이 생각해 보니 택시비가 너무 비싸다는 생각도 들었다. 이란의 1인당 평균 소득은 5천 달러, 우리 돈으로 한 달에 50만 원 남짓 버는 사람들이 택시비로 몇천 원씩 선뜻 낼 수 있다는 게 쉽사리 이해되지 않았다. 게다가 대중교통이 정교하지 않은 이란에서 택시는 버스나

지하철이 닿지 않는 구석구석을 이어 주고 있다. 현지인이라도 택시 탈 일이 매우 많다는 뜻이다.

시간이 흐르면서 자연스레 의문이 풀렸다. 이란 택시는 승객을 태우는 방식이 다양하다. 타지리쉬 광장에는 커다란 택시 정류장이 있는데, 구역마다 노선이 다르다. 한 지점과 다른 지점을 잇는다는 뜻의 하티 Khati는 가는 방향이 같은 승객을 모아 정원이 차면 출발하는 방식이다. 운행 중간중간 승객이 원하는 곳에 하차할 수 있어서 사실상 마을버스 기능을 한다. 노선의 거리에 따라 1인당 요금이 정해져 있다. 타지리쉬 광장에서 벨렌작까지 1인당 요금이 1만5천 리알, 혼자 타도 보통 5~6만 리알을 받으니 기사 입장에서는 별 차이가 없다. 요금은 싸지만, 정원이 찰 때까지 기다려야 하므로 급할 때는 선뜻 타기가 곤란하다.

하티 옆에서 다르바스트 Darbast를 외치는 기사들이 종종 있다. 다르바스트는 '문(門)'을 뜻하는 '다르 Dar'와 '닫다'를 뜻하는 '바스트 Bast'를 합친 말로, 목적지까지 가는 도중에 문을 닫고 승객을 더 태우지 않는 방식이다. 그게 당연하지 않냐고 반문하겠지만, 이란에서는 운행 도중 합승이 빈번하게 이뤄진다. 하지만 다르바스트로 택시에 탔다면 합승을 거부할 수 있고, 그만큼 요금이 비싸다. 처음 이란에 와서 자주 이용한 택시도 알고 보니 다르바스트였다.

기사가 주도적으로 승객을 태우면서 영업하는 경우도 있다. 방향을 정해 놓고 직진하면서 같은 방향의 손님을 계속 태우는 방식으로, 직진을 뜻하는 모스타김 Mostaghim이다. 테헤란 남북을 관통하는 발리에아스르 거리에서 모스타김을 기다리는 승객과 '어디 가느냐'고 물으며 경적을 울리는 택시를 쉽게 찾아볼 수 있다. 합승이 이뤄지니 당연히 요금도 싸다.

가장 비싼 요금제는 콜택시인 어전스Agence 몫이다. 동네마다 유명한 택시 어전스가 있고, 기사가 명함을 주면서 홍보하기도 한다. 어전스도 미터기가 없기는 매한가지다. 영수증을 끊어 달라고 요구하면 주머니에서 주섬주섬 양식을 꺼내 볼펜으로 적고 서명해서 건네준다.

최근엔 통신 사정이 나아지면서 이란 택시업에도 변화의 바람이 불고 있다. 2016년에는 스마트폰 앱을 이용한 택시 서비스가 생겼고, 그 중 이란판 우버Uber 택시인 스냅Snapp 애플리케이션이 선풍적인 인기를 끌고 있다. 기사와 승객이 직접 소통하는 방식이라 다르바스트와 어전스마저 대체하는 셈이다. 택시를 부르기 전에 요금을 미리 알려 주니 기사와 애먼 승강이를 할 필요도 없다.

이란 생활에 적응하고부터는 되도록 하티나 모스타김을 타려고 했다. 다르바스트나 어전스가 비싼 만큼 편했지만, 기회가 있을 때마다 현지인과 어깨를 맞대고자 한 것이다. 택시는 이란 땅에 발을 딛고 있는 내가 이란 사회의 중심부로 한 걸음 더 들어갈 좋은 기회였고, 훌륭한 학습의 장이었다.

이란의 택시 기사는 운전을 하면서도 바쁘다. 우리나라처럼 택시에 카드 결제 시스템이 없어서 틈틈이 요금까지 정산해야 한다. 잔돈을 마련하지 못한 사람도 더러 있게 마련이다. 이럴 때는 다른 승객에게 먼저 결제를 요구해서 돈을 거슬러 주는 조정자 역할까지 해야 한다.

압권은 찢어진 돈을 받았을 때였다. 기사는 너덜너덜해진 지폐를 손에 쥔 채 슬그머니 운전석 옆의 상자를 열었다. 셀로판테이프를 꺼내더니 신호에 걸린 틈을 타서 돈을 이어 붙였다. 그야말로 일인다역이 따로 없다.

네 명 정원의 프라이드 택시에 다섯 명이 타는 경우도 심심찮게 볼 수 있다. 하루는 한 남자가 자기 무릎에 애인을 앉히겠다고 고집을 부리며 올라탄 일이 있었다. 택시가 오르막길에서 속도를 내지 못하자 민망했던지 먼저 내려 달라고 했다. 둘은 보기만 해도 깨가 쏟아지는지 내리면서도 깔깔거리며 웃었다. 나를 쳐다보는 웃음의 끝에는 묘한 여운이 있었다. 남자는 나지막이 말했다.

"인저 이란 에."

'여기는 이란이야'라는 뜻이다. 이란인들은 일이 잘 풀리지 않을 때면 꼭 이 말을 하곤 했다. 이란에 대한 자부심을 표출한다기보다는 어쩔 수 없는 상황에 대한 자조가 듬뿍 섞인 표현이었다.

'여기는 이란이니까, 우리는 그냥 받아들여야 해.'

이란의 현실이 아무리 척박해도 묵묵히 수용할 수밖에 없다는 뜻으로 읽혔다. 씁쓸했다.

한번은 파크웨이에서 벨렌작으로 가는 택시를 잡았다. 다르바스트로 생각하고 가격부터 흥정했다. 조금이나마 깎았다고 흡족해하며 자리를 차지하고 앉았다. 왜 곧바로 출발하지 않는가 했더니 승객이 꽉 차고 나서야 택시기사는 시동을 걸었다. 가는 동안 택시기사는 연신 과장된 몸짓으로 말을 걸었다. 처음에는 중국에서 왔냐며 이소룡 흉내를 내더니, 한국에서 왔다고 하자 태권도 흉내를 내며 운전대에서 양손을 놓기도 했다. 순간 아찔했지만, 옆 손님들은 배꼽이 빠져라 웃었다.

집에 와서 돌이켜 보니 우리글 속이려고 일부러 이살스러운 동작을 취했다는 생각이 들었다. 이중으로 돈을 받으려 한 것이다. 외국인인 우리에게는 다르바스트 요금을 받고, 남은 자리는 이란 사람을 모아 모스타김으로 운영한 셈이다. 돈을 더 냈다는 불쾌함은 잠시였다. 다른 승객들이 기사의 속임수를 알고도 가만히 있었다는 사실에 적잖이 충격을 받았다. 이란 사람들은 웬만하면 남의 일에 나서지 않으려고 하는 까닭이다. 이슬람 공화국 체제에서 큰 목소리를 내면 그만큼 자신에게 피해가 돌아온다고 생각했고, 잘못된 점이 있어도 바꾸려 노력하기보다는 그저 순응하고, 여기는 이란이니까 어쩔 수 없다고 자조했다.

'인저 이란 에'는 내가 이란 생활을 헤쳐나가는 데도 효과적으로 작용했다. 택시 요금을 바가지 쓰지 않았는지 의심이 가면 속으로 '여기는 이란이니까'를 외쳤다. 동전이 없다며 거스름돈을 내주지 않을 때도 역시 '여기는 이란이니까'였다. 걸레나 다름없는 지폐를 주고받으면서도 '여기는 이란이니까' 어쩔 수 없는 일이었다. 단념을 거듭하다 보니 그만큼 정체되고 있는 느낌이 들었다. 문득 들어선 고민은 쉽사리 물러가지 않았다.

이란 사람들은 언제쯤 '인저 이란 에'를 자조 섞인 회한이 아니라 자부가 넘치는 희망으로 말할 수 있을까. 이란에서 찾을 수 있는 개인의 행복은 무엇일까. 무슨 가치가 우리의 행복을 규정할까. 그저 이곳을 탈출하면 모든 문제가 해결될까. 변화는 앞으로도 이란과 상충하는 말일까….

택시를 타고 창밖 풍경을 볼 때면 상념에 잠겼다. 이란도 느릴지언정 분명히 변하고 있을 터였다. 스냅이 성공적으로 안착한 사실이 이를 뒷받침했다. 사실 조금만 생각해 보면 '여기는 이란이니까'는 아주 무책임하고도 무서운 말이다. 이란의 변화를 느끼려면 항상 민감하고 깨어 있어야 한다. 일부러라도 '인저 이란 에'를 머릿속에서 지우기로 했다.

13

노루즈와 라마단,
그리고 아슈라

이란에서는 새해 다짐을 세 번이나 할 수 있었다. 매년 1월 1일이면, 지난 한 해를 무사히 살아냈다는 생각에 이란의 태양을 보면서 스스로를 위무했다. '페르시아어 실력 다듬기' 같은 거창한 계획을 세워 봤지만, 이란이라고 해서 작심삼일이 달아날 리 없었다. 어느새 행동이 무뎌질 때면 설날을 손꼽아 기다렸다. 설을 쇠면서 마음을 가다듬고 다시금 의지를 불태워 봤지만, 제자리로 돌아오기까지는 시간이 얼마 걸리지 않았다.

다행인지 불행인지 3월 중순이 되어도 이란은 여전히 연말이었다. '그래, 이란에 왔으니 이란력을 따라야지.'라며 슬그머니 노루즈 연휴 다음으로 다짐을 미뤄 두기 일쑤였다. 노루즈 연휴가 끝나고 4월이 되어야 비로소 해가 바뀌었다는 실감이 났다.

이란의 새해 노루즈는 서력으로 치면 3월 21일, 밤과 낮의 길이가 같아지는 춘분(春分)에 시작된다. 페르시아어로 '노Nou'는 '새로운'이라는 뜻이고, '루즈Ruz'는 '날'을 가리키니 우리말로 풀어쓰면 '새날'이 된다. 봄이 시작되는 춘분을 노루즈로 삼은 것은, 겨울 추위를 이겨 내고 만물의 성장과 번영을 기원하는 페르시아 문화권 특유의 봄맞이 의식에 기인한다. 이란뿐 아니라 아제르바이잔, 우즈베키스탄, 카자흐스탄, 인도, 터키 등 세계 각지에서 3천 년 넘게 이어 내려온 전통으로, 2009년 유네스코 인류무형문화유산으로 등록될 정도로 세계적으로도 널리 의미를 인정받고 있다. 2010년 유엔 총회에서도 3월 21일을 '국제 노루즈의 날'로 공인했다. 이란의 공식 노루즈 휴일은 5일이지만, 대부분은 휴가를 내고 긴 여행을 떠나거나 친지를 방문한다. 장장 13일 동안 이어지는 긴 휴가라 중국 춘절과 비교해도 결코 뒤지지 않는다.

노루즈 동안에는 동네 상점과 식당도 모두 문을 닫았다. 노루즈를 나려면 연휴가 시작되기 전에 음식을 사서 쟁여 놓거나 그것도 아니면 어디로든 떠나야 했다. 고민 끝에 첫 노루즈는 영국에 가기로 했다. 대학 시절 짧게나마 시간을 보냈던 노팅엄에 늘 다시 가고 싶었지만, 한국에서는 멀어서 선뜻 엄두를 내지 못했기 때문이다.

노루즈 연휴를 맞은 이맘 호메이니 공항은 그야말로 도떼기시장이었다. 피난이라도 떠나는 양, 사람들은 카트에 짐을 한가득 싣고 탑승 수속을 기다리고 있었다. 엑소더스가 떠오를 만큼 공항은 무질서했다. 새치기하는 인간도 있었지만, 누구 하나 제지하지 않았다. 내 차례를 뺏기지 않으려면 신경을 곤두세우는 수밖에.

한국인은 영국 비자가 필요 없다는데도 창구 직원은 확인이 필요하다며 바로 탑승권을 내주지 않았다. 한참을 기다린 끝에 게이트 마감 직전에야 표를 받았다. 그도 그럴 것이, 이슬람 혁명 후로 이란 여권의 가치는 곤두박질쳐서 무비자로 갈 수 있는 나라가 거의 없다. 끽해야 이웃한 터키나 비자를 사면 되는 아랍에미리트 정도가 전부다. 유럽만 가려고 해도 비자를 받기까지 매우 빡빡한 절차를 거쳐야 했으니, 이란인 기준으로 생각하게 마련인 항공사 직원의 사정도 이해가 갔다. 하지만 비행기를 타기 전부터 몸과 마음은 지칠 대로 지쳤다.

영국에 도착하면 가장 먼저 가야 할 곳이 있었다. 대학생 때 머리를 밀었던 이란인 이발사 아저씨를 만나고 싶었다. 파르시로 간단한 대화를 나눌 준비까지 했다. 캠퍼스 근처 이민자 동네를 샅샅이 뒤졌지만, 기억이 흐려져 위치를 기억하지 못하는 것인지, 이발소가 없어진 것인지 결국 이발소를 찾을 수 없었다. 소기의 목적을 달성하지 못한 채 이란으로 돌아왔다.

일상으로 복귀해 일하다 보니 마침내 이슬람 공화국에 라마단Ramadan이 다가왔다. 이슬람력은 달마다 고유의 명칭과 의미를 가지고 있다. 그중 가장 잘 알려진 달이 아홉 번째 달인 라마단으로 무슬림에게 '무더운 달'이다. 타는 듯한 더위와 건조함을 뜻하는 아랍어 '라미다Ramida'에서 유래했으며, 라마단 한 달 동안 해가 떠서 질 때까지 금식해야 한다. 이슬람력이 서력보다 1년에 11일이 짧으니 서력 기준으로 보면 매년 11일씩 앞당겨진다(2018년 라마단은 5월 16일부터 6월 14일까지였다).

라마단 금식은 신앙고백, 성지순례, 기도, 기부와 더불어 이슬람 신도의 5대 의무 중 하나다. 가난한 자의 굶주림을 체험하고 인간의 원초적 본능과 싸워 자기 자신을 거룩하게 하려는 의도에서 비롯되었는데, 음식은 물론이고 물과 담배, 성관계도 금지하고 있다. 독실한 신자들은 침조차도 삼키지 않고 뱉으며 의무를 다한다. 군인, 어린이, 노약자, 임산부, 환자는 금식 의무에서 예외를 적용받는다. 또 장거리 여행 등 사정으로 금식이 어렵다면 후일로 미룰 수 있지만, 해당 날짜만큼 소급해 나중에 지켜야 한다. 라마단 기간에는 식당도 낮에는 문을 닫고, 외국인을 상대로 하는 곳만 가림막을 치고 영업한다.

점심을 거르면 일을 제대로 못하여 다수 이슬람권 국가에서는 오후 한두 시가 되면 업무를 끝내고 학교도 오전 수업만 진행한다. 사람들은 집에서 낮잠을 자고 일어나, 금식 후 첫 끼니이자 특별한 식사인 '이프타르Iftar'를 기다린다. 이프타르는 '금식을 깬다Break+Fast'는 뜻이다.

이웃과 음식을 나누며 삶의 소중함을 되새긴다는 이프타르 취지가 무색하게, 금식 후 밤늦게까지 이어지는 폭식이 무슬림 비만의 원인이 되고 있다고 한다. 금식월에 오히려 음식 소비량이 30% 이상 증가하고, 라마단 특수를 노린 상점들이 새벽 장사까지 하는 세태에 이르렀다나. 라마단이 과식과 쇼핑의 시간으로 전락했다는 탄식이 나올 법하다.

이란의 라마단은 내가 상상했던 모습과 영 딴판이었다. 테헤란 시내를 둘러보니 과연 라마단이 맞나 싶을 정도로 평소와 다름없이 경제활동을 하고 있었다. 물론 식당은 전부 문을 닫았지만, 철저하게 금식을 지키리란 생각은 오산이었다. 거리에서 대놓고 먹지만 않을 뿐, 적잖은 이들이 건물 내부에서 알게 모르게 점심을 먹고 있었다.

이란인들은 태어나면서부터 저절로 무슬림이 되지만, 무슬림으로서 정체성이 약했다. 라마단 때 금식을 지키지 않을뿐더러 평소에도 은근한 일탈을 즐긴다. 한 이란 친구는 쓴웃음을 지으며 말했다.

"라마단 기간에 식당 문을 열면 오히려 장사가 더 잘될걸."

물론 엄격한 이란 체제를 고려하면 실현 불가능한 이야기다. 국가가 강제한 종교 의무를 다하는 동안 속세의 욕구는 더욱 커져만 간다. 이런 모순적 현실에서 이란인들이 안고 있는 고민을 짐작할 수 있다.

라마단 금식을 지키지 않는 이란 사람들은 많지만, 시아파 이슬람의 공식 추모 기간인 아슈라Ashura에 애도하지 않는 이는 찾아보기 힘들다. 이 현상을 이해하려면 시아파의 특성을 먼저 살펴봐야 한다.

632년, 이슬람 예언자이자 창시자인 무함마드가 세상을 뜨자 무슬림 세계는 후계자 문제를 두고 정통성 분쟁이 일어난다. 수니파는 무함마드 혈통이 아니라도 무함마드를 대리하여 이슬람 세계의 통치자인 '칼리파Khalifa'가 될 수 있다고 여긴다. 회의를 통해 부족의 후계자를 선출하는 전통적 규범을 따르기 때문이다.

반면 시아파는 무함마드의 사촌 동생이자 사위인 알리Ali 가문만이 후계자가 될 수 있다고 생각한다. 무함마드의 능력은 오직 그의 혈통인 알리에게만 이어진다는 것이다.

하지만 무함마드 사망 직후 알리는 너무 어렸기에 무함마드의 장인이자 가까운 친구였던 아부 바크르Abu Bakr가 첫 번째 후계자, 1대 칼리파로 뽑히게 된다. 이후로 2대 칼리파 우마르Umar, 3대 칼리파 우스만

Uthman을 거쳐 4대에 이르러서야 마침내 알리가 칼리파 자리에 오른다. 때는 656년이다.

하지만 661년, 이라크 쿠파Kufa의 한 사원에서 기도하던 알리가 반대파에게 암살된다. 알리가 석연찮게 세상을 떠나자 추종자들은 슬픔에 잠긴다. 그렇다고 가만히 자리에 앉아 있지는 않았다. 그들은 복수를 꿈꾸며 세력을 형성해 주류 이슬람에서 떨어져 나갔다. 이 집단이 바로 시아파의 기원이다. 시아파는 '시아트 알리Shiat Ali', '알리를 따르는 무리'라는 뜻이다.

시아파는 예언자 혈통만 칼리파가 될 수 있다고 생각했다. 무함마드의 유일한 혈통인 알리가 죽었으니 신과 인간을 연결해 주는 고리인 '이맘Imam'이 칼리파를 대신한다고 봤다. 이후 시아파는 4대 칼리파인 알리를 1대 이맘으로 추대하고, 중심 세력인 수니파에 대항해 정치·종교적 투쟁을 계속했다.

680년 10월, 알리의 둘째 아들이자 3대 이맘인 후세인은 카르발라Karbala에서 봉기를 일으키고, 당시 수니파 칼리파였던 야지드는 즉각 군대를 보내 진압한다. 그 과정에서 후세인과 가족이 참혹하게 살해당한다.* 후세인의 죽음은 시아파에게 치욕이나 다름없는 일이었고, 주류 수니파에 대한 소수 시아파의 투쟁이 본격적으로 시작되는 계기가 된다.

....

* 878년에 자취를 감춘 12대 이맘, 마흐디를 제외하고는 시아파의 모든 이맘은 칼에 찔려 죽거나 독살당했다. 시아파에서는 마흐디가 죽은 것이 아니라 새로운 시대와 함께 돌아오리라 믿고 있다. 마흐디의 별칭이 바로 발리에아스르(Vali-e Asr), '시대의 수호자'라는 뜻이다.

후세인이 순교한 날이 바로 아슈라이다. 수니파에겐 당연히 별 의미가 없지만, 시아파 무슬림에겐 종교적 상징이나 마찬가지다. 독실한 신도들은 자신의 몸에 가혹한 고통을 가하면서까지 엄숙하게 추모하며 정체성을 되새기고 있다.

2016년 10월, 테헤란 아자디 구장에서 열린 한국과 이란의 월드컵 최종예선 경기가 공교롭게도 아슈라 기간과 겹쳤다. 이란은 경기를 며칠 앞두고 날짜를 바꿔 달라고 요구했다. 국제축구연맹이 주관하는 A매치라는 점을 고려할 때 지극히 이례적인 일이었다. 요청은 받아들여지지 않았다. 이란 선수들은 추모 의미로 검은색 띠를 팔에 두르고 경기장에 나왔다. 7만 명이 넘는 이란 관중 역시 대부분 검은 옷을 입고 애도를 표했다. 우리 대표팀은 숙연한 경기장 분위기에 당황할 수밖에 없었고, 결국 0:1로 패했다.

노루즈가 고대 페르시아부터 이어져 온 이란의 전통 명절이라면, 라마단은 종파를 불문하고 따라야 하는 이슬람의 의무이고, 아슈라는 시아파에서만 기리는 특별한 절기이다. 이란을 단순히 정교일치 체제로 인식해서는 안 될 중요한 이유가 공휴일에 담겨 있다. 페르시아 후예를 자처하면서도 소수인 시아파를 받아들여 이슬람 공화국이 된 나라, 이란의 정체성은 알면 알수록 복잡하고도 미묘하다.

14

돈 안 내도
된다고요?

파르시를 배우면서 가장 먼저 익힌 표현은 '찬 데(얼마예요)?'였다. 이 방인으로 굶지 않고 살아가려면 물건값부터 물을 수 있어야 했다. 주인이 이란말로 값을 읊으면 골똘히 생각하는 표정을 지으며 옆에 있는 계산기를 가리켰다. 숫자를 찍어 달라는 완곡한 부탁이었다. 표시된 금액을 확인하고 돈을 꺼내려 하면, 이란 사람들은 꼭 한마디씩 덧붙였다.

"거벨리 나더레."

글자 그대로 풀어쓰면 '이 물건은 당신에 비해 아무런 가치가 없어요.'라는 뜻이다. 의역하면 '아니에요, 괜찮아요.' 정도로, 돈을 안 받겠다는 의미였다. 내가 고민하는 표정을 짓고 있으면, 마지못해 돈을 받는 시늉을 했다. '분명 돈을 안 받겠다고 했는데, 네가 굳이 낸다니까 어쩔 수 없이 받는 거야.' 꼭 이런 느낌이었다.

택시를 타도 마찬가지였다. 미터기가 없다 보니 요금을 꼭 물어보게 되는데, 그때마다 아무렇지도 않다는 듯이 '거벨리 나더레'부터 대답하고 본다. 그러고 나서 꼼꼼히 거리를 따져 액수를 말한다. 돈을 안 받겠다면서 곧바로 금액을 이야기하다니, 알다가도 모를 그들만의 의사소통 방식이다.

아직 관문이 하나 더 남아 있다. 돈을 주섬주섬 꺼내서 기사에게 건네면 그는 다시금 '거벨리 나더레'를 읊었다. 이쯤 되면 페르시아 상인의 주술이 아닐까 의심될 정도다. '이 돈을 꼭 받아 주세요.'라는 듯 절실한 표정을 지은 다음에야 기사는 마지못해 손을 내밀었다.

이란에는 '터로프Taarof'라고 불리는 빈말 문화가 있다. 터로프는 자신을 한껏 낮추고 일부러 상대방을 높여서 서로 체면을 지키는 이란의 언어습관이다. '거벨리 나더레'가 대표적인 터로프 표현이라고 할 수 있다. 이란 사람들은 특히 물건을 사고팔 때 돈을 대놓고 언급하기를 꺼렸다. 인간과 인간이 부대끼는 사회에서 응당 돈이 우선할 수 없다는 생각이 반영된 것이다.

'눈에는 눈, 이에는 이'라고 했던가. 속내를 감추고 빈말부터 던지고 보는 상인들에게 회심의 미소를 날리면서 외쳤다.

"베파르머인."

그러면 상인들은 머쓱한 표정으로 나를 바라봤다. '그러지 말고 받으세요.'라는 뜻으로 한 말인데, 텁텁한 의사소통의 활로를 뚫어 주는 감초 같은 역할을 했다. 상점에서든, 택시에서든 말이다.

'베파르머인'은 영어로 '플리즈Please' 정도의 뉘앙스라 다양한 상황에 응용해서 쓸 수 있다. 엘리베이터 앞에서도 '베파르머인'은 유용했다. 엘리베이터를 기다리다가 먼저 타기 난감한 순간에 '베파르머인'을 말했다. 이때는 '당신 먼저 타시라.'는 뜻이다. 상대가 괜찮다고 사양하면 못 이기는 척 미안한 얼굴을 하고 엘리베이터에 올랐다.

합리성을 최고의 가치로 생각하는 현대 사회에서 터로프는 분명 효율적인 의사소통법이 아닐 테다. 이란 문화권 밖에서, 특히 서구에서 온 사람들은 이란에 적응하면서 삐걱거리는 경우가 많았다. 이란학을 전공하는 네덜란드 친구 요세프Joseph는 내게 부탁할 일이 생기면 항상 이렇게 덧붙였다.

"터로프하지 말고 안 되면 안 된다고 솔직하게 말해 줘. 나는 이란 사람이 아니니까."

내가 대답을 머뭇거리고 있으면 요세프는 터로프 한다고 생각했다. 나는 한국식으로 예의를 갖춰 단호하게 거절하지 못했을 뿐인데도.

터로프에 질린 요세프는 일부러 택시 기사를 골려 주기도 했다. '거벨리 나더레'를 듣자마자 내려서 빠른 걸음으로 걸어간 것이다. 당황한 기사가 쫓아와 따지니, 이때다 하며 되받아쳤단다.

"돈 안 내도 된다면서요?"

얼굴이 벌게진 기사가 마침내 그건 터로프였다고 이실직고했다나.

두 개의 점을 이으려면 수많은 방법이 있을 것이다. 가장 빨리, 품을 적게 들이고 이으려면 자를 대고 직선으로 그으면 된다. 합리적이고 효율적이다. 하지만 터로프는 직선이 아니라 구불구불한 곡선으로 에둘러 목적지에 도달하는 방식이다. 서구인 중에서도 이재에 능하다고 알려진 네덜란드 사람의 시각에서는 매우 답답할 수밖에. 아니나 다를까. 합리성을 중시하는 서구 언어는 80%가 지시적 표현이지만, 페르시아어는 오히려 그만큼이 암시적 표현으로 구성되어 있다.

네덜란드와 이란이 양극단에 있다면 한국인은 그 중간쯤 되지 않을까. 뼛속까지 한국인인 나도 터로프에 심술이 발동할 때면 반사적으로 맞받아쳤다.

"터로프 나 코닌(터로프하지 마세요)."

반응은 두 가지였다. 웃으면서 값을 말해 주는 경우가 대부분이었지만, 끝까지 터로프가 아니라고 정색하는 경우도 있었다. 요세프처럼 뛰쳐나올 용기는 없어서 선심 쓰듯 돈을 건네고 말았지만.

터로프라는 피곤한 소통법은 이란의 역사에서도 그 배경을 찾아볼 수 있을 것이다. 이란은 동서양을 잇는 요충지에 자리 잡았다. 아랍, 투르크, 몽골로부터 끊임없이 침략을 받으며, 대립적인 현실을 회피하고 싶은 마음이 절실하지 않았을까? 게다가 이란은 대표적인 시아파 국가다. 오랜 이슬람 역사에서 소수인 시아파는 주류 수니파를 향해 자신의 종교적 신념을 감춰야 했을 것이다.

이란인들이 쉽사리 속내를 드러내지 않는 또 다른 이유는 이슬람 혁명에도 있다. 이슬람 혁명을 이끈 사람들은 하루아침에 통치 세력이 되었다. 강력한 이슬람 공화국을 유지하기 위해서는 국민의 절대적인 지지가 필요했다. 종교적 가치에 반하는 생각을 하면 처벌받았고, 감옥에 가기 싫으면 생각을 감춰야 했다. 현실이 싫으면 조국을 떠나야 했고,

결국 남은 사람들은 순응적으로 변해 갔다. 누구도 누구를 완벽하게 신뢰하지 못하고, 서로가 서로를 감시하는 모양새가 되었다.

지금 세계를 지배하는 사상은 합리주의다. 같은 값이면 더 빨리, 더 멀리 갈 수 있어야 한다. 파흘라비 왕조도 유럽을 지향하면서 서구의 합리성을 받아들이려고 했다. 시대의 흐름에 뒤처지고 있다고 판단해 서구화, 근대화, 세속화를 추진한 것이다. 이 기조가 지금까지 유지되었다면 어땠을까? 터로프가 자연스레 영향력을 잃었을지 모르겠다.

미국은 이란만 만나면 늘 애를 먹었다. 핵 개발 의혹을 받던 이란을 협상 테이블로 끌어내는 데도 진을 뺐지만, 협상 과정에서도 이란 측은 주도권을 잃지 않고 당당한 모습이었다. 속내를 감추는 데 능숙한 이들은 상대에게 쉽사리 자신의 패를 보여 주지 않는다. 모호한 페르시아어와 명확한 영어 사용자의 대결에서 유리한 쪽은 아무래도 전자다.

몇 해 전 뉴욕타임스는 '정교한 감추기 예술The Fine Art of Hiding What You Mean to Say'이라는 기사로 이란의 터로프 문화를 소개하면서, 외교 무대에서 이란인의 의사소통 방식을 철저히 이해하고 대비할 필요가 있다고 조언했다.

미국만 해당하는 일일까. 2016년에는 대한민국 대통령이 이란을 국빈 방문했다. 1962년 한-이란 수교 이래 첫 방문이었다. 당시 박근혜 대통령은 하산 로하니 이란 대통령과 회담을 마치고 이란을 '두스트 바 함라헤 홉'이라고 말했다. '좋은 친구이자 동반자'라는 뜻이다. 이 발언을 두고 일부 한국 언론에서는 상대국을 배려하기 위해 '아랍어'로 직접 언급했다고 보도했다. 명백한 오보였다. 이후에 '이란어'로 정정 보도했지만, 이 또한 적확한 표현은 아니었다. 오해하기 쉽지만, 페르시아어는 아랍어와 문자만 비슷할 뿐 뿌리부터 다르다.[*]

영화 〈씨민과 나데르의 별거〉에서 남자 주인공 나데르는 딸의 숙제를 봐주면서 이렇게 말한다.

"그건 아랍에서 온 단어잖아. 파르시로 말해야지!"

우리로 이를테면 '세계(世界)'를 '누리'로 말할 수 있듯이 한자어가 아닌 순우리말로 표현하라는 뜻이다. 이란이 아랍의 침략으로 이슬람화되면서 파르시에도 많은 아랍어 표현이 유입되었다. 한자어를 빼고 우리말을 생각할 수 없는 것처럼 페르시아어도 아랍어에서 온 단어가 많다. 멋모르는 누군가가 한국어를 중국어로 알고 있으면 불쾌하듯이, 이란 사람들도 자신의 말을 아랍어로 생각하면 황당한 반응을 보였다. 하지만 이란에 대한 우리의 인식은 턱없이 부족한 게 현실이다.

호기롭게 한국에서 날아온 비즈니스맨들은 이란 기업인의 모호한 발언을 긍정적으로 해석하다가 낭패를 보는 경우도 있었다. 우리 기업은 분명 양해각서를 체결했는데, 며칠 지나지 않아 이란이 다른 곳과

. . . .

[*] 페르시아어는 인도유럽어족의 인도이란어파에 속하고, 아랍어는 아프리카아시아어족의 셈어파의 일부다. 이란어는 언어학적으로 페르시아어를 포함한 더 큰 갈래에 해당한다. 인도유럽어족이 페르시아어의 뿌리라면 인도이란어파는 줄기, 이란어군은 가지로 볼 수 있다. 이란어군 가지에는 페르시아어를 비롯해 다리어, 타지크어, 쿠르드어 등 10개가 넘는 언어가 포함된다. 따라서 이란의 국어를 말할 때는 파르시 또는 페르시아어로 칭해야 옳다.

계약할 수도 있다는 이야기가 흘러나왔다. 이란인을 상대하는 우리나라 사람들은 왠지 모르게 조급해 보였다.

바이어를 만나서 가격 협상을 할 때, 상대의 언어 습관을 완벽히 파악하고 있다면 유리한 입장을 선점할 수 있다. 이란 사람들의 터로프 표현을 듣고도 더 높은 수준의 빈말을 건네는 경지에 이른디면 우리는 진정으로 서로 '좋은 친구이자 동반자'가 될 수 있을 것이다. 언젠가 그런 여유를 갖출 수 있기를 기대해 본다. 베파르머인!

15

실시간 중계가
아니었다니

2014년 월드컵은 이란에서 맞이했다. 이란 생활이 1년을 향해 갈 무렵, 지구 반대편 브라질에서 월드컵이 열렸다. 한국과 이란 모두 본선에 진출했기에 들뜬 마음을 쉽사리 가라앉힐 수 없었다. 이란의 축구 열기는 예상보다 뜨거웠다. 아예 국영방송에서 채널을 옮겨 가며 모든 경기를 생중계했고, 이란 경기가 있는 날에는 건물 곳곳에서 들리는 함성 소리에 잠을 이루기 힘들 정도였다.

우리나라의 첫 경기, 러시아전은 이란 시각으로 새벽 2시 30분. 일찌감치 퇴근해 간단히 저녁을 먹고 컴퓨터 앞에 앉았다. 축구 중계는 우리말 해설로 보는 게 제맛이라 이런저런 궁리를 해도 마땅한 방법을 찾을 수 없었다. 대부분 채널은 외국에서 접속할 경우 막혀 있었다. 게다가 이란은 인터넷 사정이 매우 안 좋아서 스트리밍 방송을 찾는다고 해도 중간중간 끊기기 일쑤였다. 인저 이란 에, 여기는 이란이니까. 하릴없이 이란 지상파 방송으로 경기를 보는 수밖에 없었다.

　이란 경기는 매번 국영방송 3번에서 중계하고, 동시에 진행되는 다른 나라 경기는 17번 바르제시 채널에서 방송했다. 바르제시는 국영방송의 스포츠 채널인데 웬만한 국제 경기를 다 볼 수 있었다. 정식으로 중계권을 사서 방송하는지 의심될 만큼 종류도 다양했다. 월드컵 같은 국가 대항전뿐 아니라 영국, 스페인, 프랑스, 독일, 이탈리아 프로축구 빅게임을 실시간으로 중계했다.

　한국과 러시아 경기도 17번 채널에서 방송될 예정이었다. 조금 눈을 붙여 둔다는 게 깊이 잠들었는지, 경기 시작 직전에 겨우 눈을 떴다. 화면에선 이미 애국가가 나오고 있었고, 우리 선수들은 비장한 표정이었다. 잠에서 덜 깨어 눈을 비비다가 문득 허무한 마음이 들었다. 모국이 뭐길래, 축구가 뭐길래 나는 이 밤에 일어나서 생고생을 하는 걸까. 먼 나라에서 깜깜한 밤중에 일어나 화면에 비친 푸른 운동장을 쳐다보고 있으려니, 어쩐지 초현실적이라는 생각에 피식 웃음이 났다.

　감상에 빠져들 찰나, 게임이 시작되었다. 경기는 우리나라가 선제골을 뽑았지만, 곧바로 동점골을 허용하며 무승부로 끝났다. 경기 내용도 내용이었지만 이란 중계방송 시스템이 다소 묘했다. 경기 흐름이 수시로 툭툭 끊겼다. 공이 사이드라인 밖으로 나간 틈을 타 카메라가 관중석 쪽으로 돌아가면, 이란 방송사는 미리 준비한 장면을 덮어씌웠다. 선수들이 몸을 푸는 모습이나 한참 지난 하이라이트가 뜬금없이 흘러나왔다. 엉뚱한 장면을 틀다가 정작 중요한 순간을 따라가지 못하는 경우까지 생겼다. 보는 사람 입장에서도 리듬이 끊어졌다.

알고 보니 생중계가 아니었다. 이란 국영방송은 시차를 두고 딜레이 중계를 하고 있었다. 노출이 심한 관중들을 화면에 내보내지 않기 위해서다. 게다가 개최국이 브라질 아닌가. 육감적인 몸매의 브라질 여성은 이란 국영방송에 나올 자격이 없었다. 이슬람 공화국 율법에 어긋나기 때문이다. 뒤늦게 이 사실을 알자 김빠진 사이다를 마신 기분이었다.

이란 정부의 최대 과제는 이슬람 공화국 체제를 유지하는 것이다. 공적 영역에서는 철저하게 이슬람 율법을 강요했다. 외국인이라도 여성은 머리카락을 가려야 하며, 남성도 반바지를 입고 다니지 못한다. 공개된 장소에서는 누구도 예외가 없다.

월드컵 동안 우리나라의 한 가전회사가 테헤란 거리 응원을 준비했다. 최첨단을 자랑하는 한국산 대형 텔레비전을 공원에 설치해 놓고 테헤란 시민들이 밖에 나와 응원할 수 있는 자리를 마련한 것이다. 새벽임에도 남녀노소 불문하고 이란 사람들이 몰려들었다. 하지만 축제 열기는 오래가지 못했다. 경기가 진행되는 와중에 당국에서 갑작스레 해산을 선언했기 때문이다. 사전에 집회 허가를 해 줬지만, 현장에서 이슬람 공화국의 풍기를 해칠 우려가 있다고 판단했다던가.

당국이 해산을 명령하자, 이란 군중은 군말 없이 자리를 떠났다. 썰물처럼 빠져나간 사람들을 떠올려 보면 이슬람 공화국 체제가 얼마나 공고하게 자리 잡았는지 알 수 있다. 만약 누군가가 볼 권리와 즐길 자유를 내세워 저항했다면, 단호하게 처벌받았을 것이다. 이란 국민들은 체념이 숙명처럼 몸에 배었고, 쌓이는 스트레스를 개인적인 차원으로 풀어갈 따름이었다.

아쉬움을 달래려고 삼삼오오 모여서 경기 내용에 대해 수다를 떨지 않았을까. 그곳은 커피숍이나 음식점이 아니라, 분명 누군가의 집이었을 테다. 전통 찻집 차이하네Chaikhane에서 물담배를 피우며 남녀가 어울려 축구를 보려는 시도가 있었지만, 이란 당국은 공공장소에서 여성의 축구 시청을 즉시 금지했다. 풍기문란죄에 해당한다나.

인권 운동을 하는 여성들은 이를 역으로 이용했다. 몰래 경기장에 잠입해 자신들의 목소리를 외치고 잡혀가는 방식이다. 이란계 이민자 가정에서 태어난 이중국적자들이 이란인 신분으로 입국해 자국 내 여권 신장을 촉구한 다음, 강제 추방되는 형태로 체제에 저항해 왔다. 브라질 월드컵 기간에도 아자디 스타디움 배구장에 들어가려던 한 이란계 영국인이 체포된 일이 있었다. 징역 1년형을 선고받고 에빈Evin 정치범 수용소에 투옥된 그는 수감 100일을 앞두고 단식에 돌입하는 결기를 보여 줬다. 이란 정부는 보석금을 받고 그를 풀어 줄 수밖에 없었다.

이란에서도 다수의 목소리가 결집되는 일이 있었다. 2009년, 재선에 도전한 아흐마디네자드 대통령은 개표 결과를 조작했다는 의혹으로 부정 선거 논란에 휩싸였다. 이란 국민들은 젊은 세대, 여성을 가릴 것 없이 거리로 뛰쳐나왔다. 햇볕이 강한 이란의 봄 날씨에 다들 짙은 선글라스를 쓰고 있는 모습이 인상적이었다. 군중은 녹색 띠를 두른 채 정부에 강력히 항의하며 구호를 외쳤다. 외신에서는 이 시위를 '녹색 운동Green Movement'으로 일컬었다.

시위대는 재선거와 아흐마디네자드의 사임을 요구했지만, 당국은 이를 이슬람 공화국 체제에 대한 도전으로 받아들였다. 정부가 공권력을 투입하자 녹색 물결은 맥을 못 추고 무너졌다. 총을 쏘며 무력 진압하는 과정에서 사망자도 발생했다(공식 사망자 수는 36명으로 집계되었지만, 일부에서는 두 배가 넘는다고 여전히 주장하고 있다). 보이지 않는 곳으로 끌려가 고문을 당하고 돌아오는 경우도 있었다. 풀려나도 극심한 트라우마에 시달려서 일상으로 돌아오기 쉽지 않았다.

테헤란이 녹색으로 뒤덮였던 2009년 6월에는 남아공월드컵 아시아 최종예선이 한창이었다. 당시 한국과 경기를 하러 서울에 온 이란 축구 대표팀 몇몇 선수들은 팔과 손목에 녹색 띠를 두르고 출전했다. 시위에 나선 군중을 지지한다는 뜻이었다.

그런데 후반전에는 녹색 띠가 사라졌다. 이란 축구협회에서 경고성 전갈이 날아들었을 것이다. 경기가 끝나자마자 이란 정부는 누가 이런 행위를 주도했는지 색출에 나섰고, 결국 대표팀 주장 알리 카리미Ali Karimi는 출전이 금지되었다.

이란의 녹색 운동이 무위로 돌아가면서 테헤란 거리는 겉으로나마 평온을 되찾았다. 시위대의 녹색 깃발은 연대와 희망을 상징했지만, 그들에게 남은 것은 공포와 겁에 질린 표정뿐이었다. 뿔뿔이 흩어진 이란 대중은 더욱 파편화되었다. 젊은 세대는 어떻게든 외국 유학을 가려고 애썼고, 퇴짜를 맞더라도 줄기차게 이민을 신청했다. 재집권에 성공한 아흐마디네자드는 세상과 담을 쌓고 주야장천 '마이웨이'를 외쳤다. 결국, 그의 두 번째 임기 때 이란은 극도로 고립되었다.

이란 땅에서 숨 쉬면서도 고국에서 일어나는 다양한 일에 절로 귀를 기울일 수밖에 없었다. 특히 2016년 말에 있었던 촛불 시위는 이란 언론에서도 매일 다룰 정도로 모두가 주목하는 이슈였다. 빽빽하게 들어찬 광화문 광장을 보면서 그 자리에 함께할 수 없는 현실이 안타까웠다. 평화롭게 목소리를 표출하고 차분하게 권리를 행사하는 우리 국민의 성숙함에 뿌듯함도 동시에 느꼈다.

나의 페르시아어 선생님은 신문사 기자 출신이었다. 그는 수업에 앞서 한국의 상황이 어떻게 돌아가고 있는지를 항상 물었다. 파르시로 어떻게 표현할 수 있을까 잠시 고민하다가 답했다.

"대한민국은 경제뿐 아니라 정치도 더 나아지려고 한다."

그는 자조 섞인 목소리로 응수했다.

"그게 민주주의지."

2009년 녹색 운동도 따지고 보면 이슬람 공화국 체제를 뒤엎자는 의도가 아니었다. 시민들은 절차적 민주주의가 지켜지지 않았다는 사실에 분노했고, 이슬람법에 의한 통치권을 투명하게 집행해 달라고 요구했다. 하지만 권력을 가진 자는 어디로 튈지 모르는 자그마한 불씨라도 확실하게 제거하고 싶었을 것이다. 기득권층의 일반적인 사고방식이다. 어쩌면 이슬람 공화국이라는 단단한 상자가 마련된 이래로, '상자 밖을 생각하는 것'은 애초에 불가능한 일일지도 모르겠다.

이란은 국민의 관심을 돌리기 위해 스포츠를 적극 활용하고 있다. 돈을 안 내도 국영방송 지상파 채널을 통해 웬만한 국제 경기를 모두 볼 수 있다는 사실이 이를 방증한다. 그럼에도 급격하게 서구 문화가 쏟아져 들어오는 것만은 철저히 경계한다. 관중석 여성의 노출은 으레 통제되어야 하고, 생방송은 무슨 일이 일어날지 모르므로 시차를 두고 나가야 한다.

이란 생활에 적응해 갈수록 모든 것이 연극 같다는 생각이 들었다. 이란 정부가 국영방송을 철저히 검열하는 동안, 알 만한 사람은 이미 위성을 통해서 외국 방송을 거리낌 없이 보고 있었다. 정부도 이 사실을 모르는 게 아니었다. 방해 전파를 때때로 쏘기도 하고 불시에 위성 안테나를 거둬 가기도 했지만, 근본적으로 통제가 불가능한 일이다. 정부는 이슬람 공화국 체제를 위협하지 않는 범위에서 당근과 채찍을 동시에 쓰고 있다.

이란 혁명의 기치는 독립과 자유, 이슬람 공화국이었다. 그럼, 혁명이 성공하고 나서 이란이 추구하는 자유는 무엇일까, 즉흥적인 즐거움만 경험하고 자라 온 내가 이해하지 못하는 고차원적인 자유의 가치를 그들은 알고 있는 걸까. 이방인으로 살면서 늘 가슴에 품고 있었지만, 답을 찾을 수 없는 고민이었다.

니체는 말했다. 괴물과 싸우는 자는 자신이 괴물이 되지 않기 위해 항상 경계해야 한다고. 파흘라비 왕조를 무너뜨린 혁명 세력은 시간이 흐르며 어느새 견고한 기득권층이 되었다. 이란에서 적응과 생존을 위해 애쓰는 사이, 나도 모르게 괴물의 모습을 하고 있는 것은 아닐까. 불현듯 두려움이 엄습해 왔다.

16

우리 호텔
이용하지 마세요

하루하루 시간이 지날수록 일이 손에 익어 갔다. 나의 주된 임무는 한국에 있는 비즈니스맨이 이란에 와서 거래 기회를 찾을 수 있도록 돕는 일이었다. 가장 중요한 부분은 한국 제품에 관심이 있는 기업 후보를 미리 추려서 상담을 주선하는 것이다.

단체 출장을 올 때면 큰 버스를 대절해 공항으로 마중을 나갔다. 웬만한 나라라면 공항부터 시내를 잇는 셔틀버스나 전철이 있겠지만, 이맘 호메이니 공항에는 대중교통이 없다. 택시를 잡아타고 들어오는 게 유일한 방법이다. 정찰제를 시행하고 있어 지난한 흥정을 하지 않아도 된다는 게 위안이라면 위안이다.

대중교통뿐 아니라 호텔도 마찬가지다. 바야흐로 지구촌 시대 아니던가. 세계 어디를 가더라도 웬만한 호텔은 인터넷으로 예약할 수 있지만, 이란 호텔은 예외다. 예약과 동시에 신용카드 정보를 입력해야 하는데, 이란은 국제 사회의 경제 제재를 받고 있어서 신용카드가 통용되지 않는다. 국제 결제가 되는 비자나 마스터카드도 무용지물이다. 달러나 유로 같은 외화를 들고 와서 현지 통화인 리알로 환전해 쓰는 방법밖에 없다.

이런 사정 때문에 한국 기업이 출장을 결정하면 가장 먼저 호텔부터 확인했다. 누가 오는지 여러 차례 꼼꼼히 확인하고, 호텔에 방은 있는지, 테이블을 여러 개 놓을 홀이 있는지, 묻고 또 물었다. 숙소 예약은 사소해 보여도 가볍게 넘길 수 없다. 기업이 직접 예약하면 편하겠지만, 인터넷 예약이 안 되는 이란에서는 어림없는 얘기다.

뭐든 탈 없이 진행될 때는 당연해 보여도 자그마한 문제가 생기면 큰 불만을 사게 된다. 이란의 방식을 조금씩 이해하고 있다고 자신하던 어느 날이었다. 오후 느지막히 도착한 출장단을 이끌고 호텔에 도착했다. 버스 안에서 간단하게 이란에 대한 설명을 마치고, 여권까지 모두 거둬 두었다. 여권이 신용카드 대신 보증금 역할을 하기 때문에, 체크인할 때 여권을 맡겨 놓았다가 체크아웃할 때 숙박비를 지불하고 여권을 찾는 방식이다.

호텔의 체크인 가능 시각은 보통 오후 2시. 그런데 4시가 넘어 도착했는데도 방은 준비되어 있지 않았다. 데스크 담당 직원은 문제없다고 말하면서, 아직 방 정리가 안 되었으니 좀 기다려야 한다고 덧붙였다. 출장자들에게 로비에 앉아서 조금만 기다려 달라고 양해를 구했다. 대형 텔레비전 앞에서 시간을 때우던 사람들은 하나둘 졸아떨어졌다. 직항편이 없어 총 15시간에 달하는 비행을 하고 갓 도착한 이들 아니던 가. 다섯 시간 반의 시차는 그들의 눈꺼풀을 더욱 무겁게 했다.

기다림은 한 시간을 훌쩍 넘어갔다. 가만히 앉아 있을 수 없어서 다시 데스크로 갔다. 솟구치는 화를 꾹 누르고 언제쯤이면 될지 물었지만, 직원은 무심하게도 '곧'이라고 당당하게 답했다. 7의 태도에서 미안함은 전혀 찾아볼 수 없었다. 나도 질 수 없겠다는 생각에 맞받아쳤다.

"여기는 5성 호텔인데, 그에 걸맞은 서비스가 아니다."

직원은 그제야 방 열쇠를 건네며 아무렇지 않은 듯 말했다.

"다른 투숙객들이 늦게 체크아웃을 했을 뿐, 내 책임이 아니다."

뒤늦게 받은 열쇠를 내팽개치며 항변했다.

"그럼 누구 책임이냐?"

직원은 지배인한테 이야기하겠다고 했다. 나는 누구에게 얘기해도 좋으니 5성 호텔에 맞게, 수준 높은 서비스를 해 달라고 덧붙였다. 지배인의 공식 사과를 내심 기대하며 분을 삭였다.

출장자들은 모두 방으로 올라가고, 로비에 앉아 허탈한 마음을 달래고 있었다. 나이가 꽤 지긋한 사람이 다가오더니 내 옆에 앉았다. 그는 단호한 표정으로 말했다.

"앞으로 이런 식으로 또 항의하면, 우리 호텔을 이용하지 못하게 만들겠다."

망치로 머리를 한 대 얻어맞은 기분이었다.

강한 경고성 메시지를 받은 다음부터는 작전을 전면 바꿀 수밖에 없었다. 출장자들이 이란 땅에 발을 내딛는 순간 이실직고부터 했다.

"이란은 우리 시각으로 볼 때 이해되지 않는 부분이 많습니다. 제가 열심히 도와드리겠습니다만, 안되는 부분도 분명히 있을 겁니다. 이럴 때는 너무 마음 쓰지 마시고 빨리 포기하시는 게 상책입니다."

사실 나 자신에게 건네고 싶은 말이었다. '안 되면 되게 하라'는 교육을 받으며 자라 왔기에 이란 생활 초기에 좌충우돌을 거듭했다. 그게 잘하는 일이라고 스스로 위안했다. 사소한 의사소통 오해가 발생하면 반드시 짚고 넘어가야 했고, 잘잘못을 따져서 그들의 오류를 바로잡으려고 했다. 지나고 보니 대부분 상처뿐인 영광이었다.

무엇보다 이란인들은 사과에 인색했다. '미안해요.' 한 마디면 넘어갈 일도 자신의 책임이 아니라는 점부터 먼저 강조하고 나섰다. 사과를 하는 순간, 전적으로 자신의 잘못을 인정하는 것이라고 여겼고, 혹시 모를 책임 소재를 피하기 위해서라도 직접 사과를 하는 경우는 드물었다. 우리가 생각하는 것보다 훨씬 더 많은 의미를 사과에 부여하고 있는 셈이다.

이란에 살면서 매 순간 마주한 고민은 '어느 선까지 끌고 갈 것인가'를 판단하는 문제였다. 매일이 협상과도 같았다. 웬만한 나라에서 100을 누릴 수 있는 것이 70에도 못 미치는 경우가 허다했지만, 이란에서 살려면 현실을 빨리 받아들여야 했다. 원하는 바를 얻어 내기 위해 수단과 방법을 가리지 않기에는 출혈이 너무나 컸다.

어느 순간부터 사과에 집착하지 않고 으레 포기하고 있는 나 자신을 발견했다. 관조와 체념이 몸에 배기 시작한 것이다. 스트레스를 받을 때면 속으로 외쳤다.

'걱정하지 마. 어차피 잘 안 될 거야.'

사소한 부분은 양보한다고 해도, 물러서지 말아야 할 일도 있는 법이다. 아주 중요한 일이 예정되어 있으면 호텔 상부에 팩스로 공문을 보내 양해를 구했다. 이란에서 문서의 효력은 상당했다. 이란 사람들은 아직까지도 이메일보다는 팩스를 많이 주고받는다. 현지 기업인을 섭외하는 과정에서도 효과를 본 수단이 팩스였다. 종이 길김이 가지는 힘 때문인지 몰라도, 이메일에는 답이 없어도 팩스에는 늦게라도 회신이 왔다. 호텔에서 꼭 받아야 하는 서비스가 있으면 문서로 증거를 남기고, 수차례 연락을 해 신신당부를 했다.

물론 문서도 만병통치약은 아니었다. 이란에 진출한 한국 회사의 사례다. 한 이란인 직원이 개인적인 문제로 회사를 그만두게 되었는데, 나가자마자 악의적으로 회사를 고소했다. 근무하면서 정당한 대우를 받지 못했다며 금전적 보상을 신청한 것이다. 회사에서는 그렇지 않다는 증빙 서류를 갖추고 있었기에 대수롭지 않게 여겼다.

약식으로 진행된 재판에서 한국인 관리자의 말을 통역하던 이란인에게 판사가 나지막하게 물었다.

"당신은 이란 사람인데 왜 한국인 편을 들고 있나요?"

이란 정부는 외국 기업을 향해 줄기차게 투자를 요구했다. 물건 팔 생각만 하지 말고, 공장도 짓고 현지 생산을 해서 일자리를 많이 만들어 내라는 뜻이었다. 하지만 금융 제재 하에서 공식적으로 투자금을 보낼 마땅한 방법이 없는 데다가, 자국민에게만 유리한 판결이 공공연하게 나오는 이곳에서 어떤 기업이 선뜻 나설 수 있을까. 섣불리 달려들었다가 화를 입을 게 불 보듯 뻔한데.

현지에서 만난 외국 사람들은 하나같이 자조 섞인 목소리로 말했다.

"이란은 되는 것도 없지만, 안 되는 것도 없어."

시간이 흐르면서 안 되는 건 빨리 포기하고 되는 것에 집중하려고 애썼지만, 되는 것은 여전히 적고 안 되는 것은 차고 넘쳤다. 특히 호텔 직원들의 '문제없다'는 말을 들으면 겁부터 덜컥 났다. 믿고 내버려두다가 손쓸 수 없는 상황에 이르기 전에 틈틈이 그들을 괴롭혀야 했다. 나는 모기처럼 계속 물었지만, 담당 직원의 대답은 한결같았다.

"모쉬켈 나 더레(아무 문제 없어요)."

사느냐 마느냐,
그것이 문제로다

바자르Bazaar를 찾았을 때의 일이다. 급하게 사야 할 물건이 몇 가지 있어서 긴장을 풀지 못한 채 이것저것 살펴보고 있었다. 상점 주인이 호기심 가득한 얼굴로 나를 쳐다보며 쉴 새 없이 물었다.

"너는 눈이 이렇게 찢어졌구나. 어디서 왔니? 결혼은 했니?"

압권은 두 손으로 눈을 찢으며 외모를 흉내 내는 동작이었는데, 분명 주인은 천진난만한 미소를 띠고 있었다. 난감했다. 인종 차별 행위였으나 정색하고 따질 수 없었다. 집으로 돌아오는 내내 마음이 복잡했다. 상대는 분명 차별이나 비하의 의도가 없었다고 하겠지만, 이미 받은 정신적 충격은 되돌릴 수 없었다. 우리의 일반적 상식으로는 피해자의 입장에 서서 상황의 잘잘못을 가리는 게 우선이다. 하지만 그런 상식을 들먹이기에 나는 철저히 소수였다.

시간이 흐르며 이란 생활에 조금씩 적응해 갈 무렵, 묵혀 두었던 고민이 다시금 고개를 들었다. 거리에서 '칭챙총'이라고 말하며 지나가는 이란 사람들이 심심찮게 있었다. 그것도 환하게 웃는 얼굴로 말이다. '칭챙총'은 중국어를 비롯한 동양 언어를 비하하는 대단히 직설적인 표현 아니던가. 이방인의 서러움이라 생각하고 분을 삭이기에는 발화자의 의도가 늘 석연찮았다.

찜찜함을 가슴에 품고 다니면서도 움츠러들지 않으려고 애썼다. 틈만 나면 거리로 나갔고, 중심부로 한 걸음 더 들어가기 위해 지하철을 탔다. 타국의 지하철 풍경을 바라보는 것은 좋은 학습 기회가 된다.

하루는 빽빽하게 승객들이 들어찬 지하철 안에서 한 상인이 한창 물건을 팔고 있었다. 가벼운 군것질거리부터 휴대전화용 이어폰까지 상품의 종류도 매우 다양했다. 아동용 장난감을 호기심 있게 쳐다보고 있는데, 페르시아 상인의 후예가 물었다.

"관심 있어요? 사실래요?"

집에 있는 딸을 생각하며 그림판을 이리저리 살폈다. 사인펜까지 포함된 가격이 10만 리알이었다. 당시 환율을 고려하면 3달러가 채 되지 않았다. 상인은 정가가 25만 리알인데, 특별히 할인해서 팔고 있다고 설명을 보탰다.

다음 역에서 내려야 한다는 장사치를 돌려보내기가 미안해서 결국 그림판을 샀다. 지하철이 정차하자 그는 도망치듯 자리를 떴다. 뒷면에는 큼지막하게 'Made in IRAN'이라고 적혀 있었다. 예상대로 품질이 조악했다. 내릴 때까지 제대로 샀는지 꺼림칙한 마음이었다.

이란에 온 지 1년이 지나면서 운전에 용기를 냈다. 악명 높은 교통체증을 견디려면 둘 중 하나를 선택해야 한다. 아예 운전을 하지 말거나, 운전석에서 무던해지거나.

이란학을 배우기 시작하면서 차를 몰고 나서는 횟수가 점차 늘어났다. 테헤란 북동부 니아바란Niavaran에 있는 학교에 가려면, 도착 무렵에 반드시 니아바란 교차로를 지나야 했다. 신호를 기다리는 차가 커다란 무리를 이루고 있는 상습 정체구역인데, 이곳에도 항상 이동 상인이 있었다. 좁은 차 사이사이를 뛰어다니며 신호가 바뀌기 전에 물건을 파는 상인들의 모습은 마치 곡예사 같았다.

눈이 내리던 2월 초였다. 수업에 늦지 않을까, 마음 졸이며 차를 몰다가 니아바란 교차로에서 신호에 걸렸다. 한 젊은 친구가 밸런타인데이를 노리고 하트 모양 풍선을 팔고 있었다. 세속화된 이란 사회를 고려하면 충분히 있을 수 있는 일이다. 아내를 생각해 큰 맘 먹고 그를 불러 세웠다.

"얼마예요?"

"10만 리알이요."

"너무 비싸네요. 좀 깎아 주세요."

"7만에 가져가요."

"3만 리알에 주세요."

"3만에 떼다가 파는 거라 5만은 받아야 해요. 더 이상은 안 돼요."

지갑을 꺼내려는 찰나, 신호가 바뀌고 뒤차들이 빵빵거리기 시작했다. 결국, 풍선을 사지 못하고 브레이크에서 발을 뗄 수밖에 없었다. 수업 내내 하트 모양 풍선이 가슴 속에 맴돌았다.

사계절이 뚜렷한 이란에서 온전히 겨울을 나려면 김장은 필수였다. 싱싱한 배추가 많이 들어왔다는 얘기를 듣고 타지리쉬 바자르로 향했다. 물건은 좋은데, 킬로그램당 가격이 적혀 있지 않았다. 이럴 때를 대비해 갈고 닦은 생활어 표현을 총동원했다. 숨을 고르고 협상에 돌입해 처음 가격의 30%를 깎는 선에서 타협을 봤다. 뿌듯한 마음은 잠시, 집에 오는 내내 제값을 주고 산 게 맞는지 긴가민가했는데, 며칠 후 들른 대형마트에서는 정확히 절반 가격에 배추를 팔고 있었다.

이란에서 물건을 살 때는 상당한 용기가 필요하다. 특히 정찰제를 시행하지 않는 바자르나 길거리에서는 지난한 흥정을 각오해야 한다. 사도 찜찜하고 안 사면 또 꺼림칙하다. 최대한 태연하게 가격을 묻고 값을 깎아 보지만, 상대는 호락호락하지 않다. 장사에 도가 튼 페르시아인은 상황과 전혀 어울리지 않아 보이는 철학적 표현과 관념의 언어까지 동원해 초짜를 요리한다.

"당신이 이 제품을 산다면 나는 무척 행복하겠지만, 그렇게 싸게 드릴 수는 없어요."

이란에 처음 출장 온 사람들은 대개 이란인들의 환영에 매우 놀란다. 서구 중심의 미디어에서 위험하게 묘사된 것과 달리, 이란인들은 낯선 사람에게도 기대 이상으로 친절을 베푼다. 지방 도시를 여행하다 보면 집으로 초대해 음식과 차를 대접하는 경우도 심심찮게 볼 수 있다. 이란식 환대다.

이렇게 사람 사이의 관계를 중시하는 이란인데, 우리나라 국가대표 선수들이 올 때마다 푸대접을 받고 돌아갔다는 이야기가 공공연하게 흘러나왔다. 이란 주최 측에서 매번 형편없는 경기장을 연습 구장으로 내줬고, 버스 운전사는 일부러 도로에서 시간을 때우며 우리 선수들의 진을 빼놨다는 하소연도 들렸다.

일상생활에서 겪을 수 있는 이란식 환대와 별개로 이란의 행정은 여전히 불투명하고 미숙한 구석이 많기 때문일 테다. 아무 문제기 없다던 연습 구장은 예정된 시일 안에 보수를 끝내지 못했을지 모른다. 미리 섭외한 기사가 갑자기 사정이 생겨서 길도 모르는 사람이 대타로 운전대를 잡았을 것이다. 혀를 내두를 정도로 극심한 교통체증에 목적지를 눈앞에 두고도 꼼짝을 못했을 게 눈에 훤하다.

우리나라 사람들에게는 상상하기 힘든 일이지만, 이란에서는 매일같이 발생하는 혼란스러운 상황이다. 사전에 충분히 조율한 부분인데도, 막상 현장에 가 보면 약속된 준비가 전혀 되어 있지 않을 때도 다반사였다.

이방인으로서 살기 편한 곳과 그렇지 않은 곳을 가르는 기준은 무엇일까. 국가 전반이 구석구석 정비되어 체계적으로 굴러가는 사회는 이방인도 어려움 없이 적응할 수 있을 것이다. 전 세계적으로 통용되는 글로벌 스탠더드가 잘 정착한 까닭이다.

하지만 오랜 세월 고립되었던 이란에 글로벌 스탠더드가 자리 잡을 기회는 없었다. 매사가 낯선 이방인은 세계화와 동떨어져 자국 방식을 고수하려는 이란 분위기에 피로감이 쌓여 갔다.

한낱 이방인에 불과한 내가 '새의 눈'으로 이란을 샅샅이 알아내겠다는 생각은 어찌 보면 과욕 아니었을까. 이란은 강한 정신력과 충만한 에너지를 바탕으로 '살아내기'에는 흥미로운 대상일지 모르나, 가만히 있어도 알아서 '살아지는' 곳이 아니었다.

어느 정도 이란을 이해했다 싶으면, 어느새 상식적으로 이해할 수 없는 일이 연이어 발생했다. 시간이 흐르면 흐를수록 원점으로 되돌아가는 느낌이었고, 억누르는 사회 분위기에 어느 순간 내 마음도 매몰된 채 숨을 헐떡이고 있었다.

사느냐 마느냐To live or not, 사느냐 마느냐To buy or not는 이란 생활의 풀리지 않는 딜레마였다.

III
이란은
지금
(with 세계)

01
미국 가는 길은
너무 멀어

이란에 살면서 누구를 초대하기란 쉽지 않다. 인천공항에서 두바이나 도하를 경유해 도착하면 15시간, 멀다면 멀고 가깝다면 가까운 거리다. 하지만 물리적 시간과 거리를 떠나 우리에게 이란은 심적으로 분명 먼 나라다. 보통의 대한민국 사람이 이란에 대해 떠올리는 이미지는 '악의 축, 이란-이라크 전쟁, 핵 개발' 정도였으니.

나는 무엇보다 가족을 안심시키고 싶었다. 위험하다고 알려진 곳에 살고 있지만, 사실 그렇지 않다고 항변하고 싶었다. 아무리 백번 말해도 소용없는 법, 꿋꿋하게 살아내고 있는 모습을 보여 주는 수밖에. 방학을 이용해 하나둘 이란으로 넘어온 가족과 함께 테헤란 구석구석을 누볐다. 직접 차를 몰고 지방 도시로 떠나기도 하며, 사람 사는 곳은 어디나 비슷비슷하다는 인식을 작게나마 심어 줄 수 있었다.

문제는 가족이 돌아가고 나서 발생했다. 우리나라 사람이라면 누구나 전자여행허가제ESTA로 인터뷰 없이 간단히 미국 비자를 신청할 수 있는데, 알고 보니 예외가 있었다. 2011년 3월 1일 이후에 이란, 이라크, 시리아, 수단, 리비아, 소말리아, 예멘 등 7개국을 방문한 사람은 정식 인터뷰를 거쳐 비자를 발급받아야 한다는 것이다.

당시 부모님은 계 모임에서 하와이 여행을 앞두고 있었다. 일행은 모두 여행사를 통해 간단히 비자를 받았지만, 이란 방문 경험이 있는 부모님은 반드시 서울 광화문에 있는 미국 대사관에 가서 비자 인터뷰를 거쳐야 미국에 갈 수 있었다.

대사관 측에서는 통역이 있으니 아무 어려움이 없다고 했지만, 부모님 입장에서 어찌 그러랴. 환갑이 다 된 부모님은 면접관 앞에서 이란 땅을 밟은 '정당성'을 입증해야 했다. 미국 입장에서 이란은 여전히 악의 축이었으니까.

20세기 중후반까지 이란과 미국은 서로 도움을 주고받는 사이였다. 제국주의 시절 영국과 러시아로 대표되는 열강 틈에서 자국의 안위를 걱정하던 이란은 미국을 정치·경제적 조정자로 인식했다. 1919년 영국이 이란에 식민지 조약이나 다름없는 앵글로-페르시아 조약을 강요했을 때, 미국은 강력히 항의했다. 2차 세계대전이 끝나고 소비에트 연합이 이란 영토에서 철수를 거부했을 때도 미국은 이란이 영토를 수복할 수 있도록 힘껏 도와줬다. 미국 역시 1970년대까지 중동 지역의 세력 균형을 추진하면서 이란을 축으로 활용했다. 파흘라비 왕조 시절, 이란은 '중동의 헌병', '페르시아만의 경찰'이라고 불릴 정도였다.

양국 관계는 1953년 이란의 **모사데크**Mossadegh 수상이 축출되면서 삐걱거리기 시작한다. 모사데크는 1940년대 민족주의 세력 연합인 국민전선의 지도자로, 당시 시민들의 전폭적인 지지를 받으며 1951년에 수상으로 취임했다. 그는 영국에 내준 원유 채굴권*을 되찾아오는 석유 국유화 운동을 이끌며 이란의 주체성을 무엇보다 강조했다.

이란 의회가 영국의 원유 채굴권을 무효화하는 법안을 승인하자, 영국은 이란의 석유 수출을 봉쇄했고 미국까지 가세한다. 모사데크는 심각한 경제위기를 타개하기 위해 당시 이란 공산당인 **투데**Tudeh와 연합한다. 이란의 공산화를 원하지 않던 미국은 미중앙정보국 테헤란 지부를 통해 군부 쿠데타를 배후 조종하고, 1953년 마침내 모사데크를 몰아낸다.

모사데크 축출 사건을 겪은 이란인들은, 옳고 그름을 떠나 철저히 손익의 관점으로 접근하는 미국의 이중적 태도를 경계하게 된다. 부패한 파흘라비 왕조를 물심양면 지원하던 미국은 어느새 이란 민중에게 '공공의 적'이 되었다.

1979년 이슬람 혁명 당시, 시위대는 '**미국에 죽음을**Death to America'을 슬로건으로 외쳤으며, 테헤란 **탈레가니**Taleghani에 있던 미국 대사관 직원을 444일간 억류했다. 세계 경찰국가를 자처하던 미국은 자존심에 큰 상처를 입었다. 이 사건으로 양국 외교 관계는 단절되었고, 이후 미

---

* 1901년, 영국인 사업가 윌리엄 다르시(William D'Arcy)는 이란에 많은 양의 석유가 매장되어 있다는 소문을 듣고 협상력을 발휘해 채굴권을 얻어냈다. 몇 년 후 이란 남서부 지역에서 유전을 찾아내는 데 성공하고 '앵글로-페르시아 석유 회사'를 세웠다. 이 회사가 바로 '브리티시페트롤리엄(BP)'의 전신이다.

국의 중동 정책은 두 개의 축을 중심으로 형성된다. 첫째, 이스라엘에 대한 경제·방위 원조를 통해 양국 동맹을 굳건히 하고, 사우디아라비아 같은 친미 아랍국가와 우호 관계를 유지하며 세력 균형을 추구하는 것이다. 둘째, 동맹·우호 세력을 바탕으로 걸프협력협의회 중심의 수니파 연합전선을 구축해 이란, 이라크, 레바논, 시리아를 잇는 시아파 초승달 지대를 견제하는 것이다. 아직도 이란에는 미국 대사관이 없으며, 미국의 보복 조치로 다른 나라마저 이란과 교류하지 못하는 현실이다.

매년 발표되는 여론조사를 보면, 미국인이 가장 싫어하는 나라에 북한과 함께 이란이 빠지지 않는다. 이란 이민자를 거리에서 대놓고 집단 폭행하는 사건까지 발생할 정도로, 미국인 열 중 아홉은 이란에 대해 부정적이다. 거의 혐오증Phobia에 가깝다.

이란 역시 합법 정부가 무너진 배후에 미국이 있었다는 의혹의 눈초리를 거두지 않는다. 곰곰이 따지고 보면 '미 대사관 인질 사건'은 혁명 과정에서 우발적으로 발생한 일이 아니라, 모사데크가 축출되었을 때부터 쌓인 국민감정이 일시에 분출된 것일지도 모른다.

테헤란에는 아직도 시내 곳곳에 반미 벽화가 걸려 있다. 이슬람 혁명 때 널리 쓰인 슬로건은 '미국과 함께 추락을Down with the USA'로 다소 순화되었지만, 공식 기조는 여전하다.

버락 오바마에 이어 45대 미국 대통령이 된 도널드 트럼프는 저서 〈불구가 된 미국Crippled America〉에서 분명히 밝히고 있다.

"미국은 중동에서 말 그대로 수조 달러를 낭비하고도 최고 우방인

이스라엘을 소외시킨 것 외에는 이렇다 할 성과를 내지 못했다. 게다가 세계평화와 화합을 진전시킬 수 있다는 생각에 현재 러시아의 절친한 친구인 이란과 쓸데없고 값비싼 핵 협상을 맺었다."

특히 이란 핵 협상은 미국 역사상 최악의 합의라며, 제재를 거둘 것이 아니라 두 배, 세 배 강화했어야 마땅하다고 덧붙인다. 오바마 행정부의 중동 외교 중 최대 성과인 '이란 핵 협상 타결'을 트럼프가 어떻게 인식하고 있는지 적나라하게 드러나는 대목이다.

이쯤에서 오바마 대통령의 중동 전략을 살펴볼 필요가 있다. 오바마는 기회가 있을 때마다 '대화와 협력, 다자주의와 파트너십'을 통해 중동 문제를 해결해 나가겠다고 말했다. 전임 부시 행정부가 국가별로 철저히 선악을 구분하며 대립과 갈등을 부추긴 과오를 되풀이하지 않고, 이데올로기가 아닌 실용주의를 토대로 접근하겠다는 의지였다. 2009년부터 해마다 이란 노루즈에 맞춰 영상 축하 메시지를 보내기도 하며, 필요하면 직접 만날 용의가 있다고 화해의 손길을 내밀었다.

물론 오바마가 이란에 당근만 준 것은 아니었다. 임기 중 '포괄적 이란 제재법'을 발효하며 중동에서 미국 주도권을 놓치지 않으려 애썼다. 부시의 일방적 패권주의와는 거리를 두면서도, 강도 높은 경제 제재도 마다치 않은 것이다. 이란 경제의 숨통을 조여 핵 협상 테이블로 끌어내려는 의도였다.

지속된 경제 악화에 지친 이란 국민은 2013년 6월 선거에서 중도·실용파인 하산 로하니를 대통령으로 선출했다. 로하니와 오바마는 대화가 통하는 합리적 상대였다. 2013년 9월, 오바마는 UN 총회에 참석하고 돌아가던 로하니에게 직접 전화를 걸었다. 34년 만에 양국 정상이 통화를 하는 극히 이례적인 사건이었다. 두 정상의 확고한 의지와 원칙적 합의는 핵 협상 타결과 이란 경제 제재 해제의 주춧돌이 되었다.

이란 핵 협상은 미국의 전통적 우방인 이스라엘과 사우디아라비아의 격렬한 반대를 무릅쓰고 이뤄 냈다는 데 무엇보다 큰 의미가 있었다. 특정 국가를 악으로 규정하는 한 중동은 영원히 화약고 신세를 벗어날 수 없고, 미국의 입지만 오히려 줄어들 뿐이다. 이란만 봐도 그랬다. 부시 행정부가 천명한 '테러와의 전쟁' 이후, 이란 안에서 정치적 영향력은 러시아가, 경제적 영향력은 중국이 야금야금 키워 나갔다. 하지만 갓 대통령이 된 트럼프는 자국민의 속을 시원하게 만드는 정책이 오히려 미국의 입지를 좁힐 수 있다는 점은 간과한 듯했다.

2017년 2월, 이란 영화계를 대표하는 감독 아스가르 파르하디Asghar Farhadi는 제89회 아카데미 시상식에 불참했다. 자국에서 마주하는 윤리적 고민을 담담히 조명한 〈세일즈맨〉으로 외국어영화상 후보에 올랐지만, 트럼프 대통령이 테러를 막겠다는 명목으로 '반이민 행정명령'에 서명하자 고심 끝에 결정한 것이다. 그는 당시 뉴욕타임스에 보낸 성명서에서 '이란을 비롯한 7개국 시민에 강요된 미국 입국 금지가 부당함을 비판하며, 이 조치로 이란과 미국이 더욱 분열되지 않기를 희망한다'고 밝혔다.

트럼프의 '반이민 행정명령'은 집행 초기 워싱턴 연방법원의 위헌 결정으로 중단된 적도 있지만, 몇 차례 개정을 거친 끝에 결국 연방대법원으로부터 효력을 인정받았다. 그 과정에서 이라크는 제외되었고, 이란은 여전히 남아 있다.

내가 만난 테헤란 시민들은 한결같이 억울함을 표출했다. 그들은 노골적으로 9·11 테러범이 어디 출신이냐고 반문했다. 사우디아라비아, 아랍에미리트, 이집트와 레바논 국적자는 미국 입국에 아무런 어려움이 없다. 참 아이러니한 일이다.

이란 국제관계대학에 수업을 들으러 간 날이었다. 구내식당에서 함께 식사하던 외교관 후보자들의 눈이 갑자기 텔레비전으로 쏠렸다. CNN 뉴스가 테헤란 아자디 타워에 모인 이란 군중을 비추고 있었다. 동료들은 서구 미디어가 이란을 다루는 방식에 익숙하다는 듯 별다른 동요 없이 밥 먹는 일에 집중했다. 리포트 마지막에 한 시민이 트럼프의 조치에 아주 불편한 심기를 드러내며 분노에 찬 목소리로 외쳤다.

"우리는 싸울 준비가 되어 있어요."

일순간 분위기가 고요해졌다. 미국과 이란이 으르렁거릴수록 이익을 보는 쪽은 결국 양국 정치인들이었다. 네오콘Neo-Con으로 불리는 미국의 매파는 이란을 적으로 규정해서 지지세력을 결집하려고 했다. 네오콘의 영향력이 확대될수록 이란 강경파도 목소리를 크게 냈다. 어쩌면 이슬람 혁명을 지지하는 전통적 보수 세력은 미국이 코털을 건드려 주기를 기다리고 있는지도 모를 일이다.

나는 아직까지 미국을 갈 기회가 없었다. 이란에 있으면서 미국 동부를 가 볼까 고민하다가 번번이 마음을 접었다. 미국 대사관이 없는 탓에 비자를 받는 방법부터 막막해 보였다. 터키나 아랍에미리트에 가서 받아도 되지만, 혹독한 질문 세례가 기다리고 있을 것이 뻔했다. 이란 땅을 한 번이라도 밟은 사람에게 미국 가는 길은 너무도 멀다.

02
아랍에미리트는
70년대 이란?!

우리가 살면서 현금을 얼마까지 만져 볼 수 있을까? 보통 사람은 돈 백만 원도 지폐로 들고 있으면 크게 느껴질 것이다. 요즈음은 조금만 금액이 커져도 계좌이체를 하거나 신용카드를 사용하니, 화폐로 큰 금액을 만져 볼 일은 거의 없다. 나만 해도 그랬다. 한국에서는 몇천 원을 낼 때도 체크카드부터 내밀고 봤다.

국제 금융거래가 막혀 있는 이란은 사정이 다르다. 우선, 우리나라 시중 은행에서 이란 은행 계좌로 돈을 보낼 방법이 없다. 수많은 외국 기업이 어떻게 이란에서 사무실을 운영할 수 있을까? 답은 간단하다. 대부분 회사는 이란과 인접한 나라의 은행 계좌로 경비를 받은 다음 직접 인출해 온다. 돈이 떨어질 때가 되면 비행기를 타고 날아가서 배낭 가득 달러를 채워 돌아오는 것이다. 007 작전이 연상되는 이 출장의 목적은 순전히 '자금 수령'이다.

가장 손쉽게 다녀올 수 있는 곳은 비행기로 두 시간 거리인 두바이. 아랍에미리트의 작은 토후국에 불과하지만, 무역과 금융 분야에서 중동의 허브를 자처하는 곳이다.

자금 수령차 두바이에 입국하던 첫날, 나는 왠지 모르게 주눅이 들었다. 공항에서부터 수많은 외국인이 드나들었고 아예 상주하는 사람도 꽤 있어 보였다. 이란의 억누르는 분위기와 달리 두바이는 모든 게 자유스러웠다.

히잡을 두르지 않은 여성이 태반이었고 미니스커트도 간혹 눈에 띄었다. 남성도 반바지를 입고 있었다. '아랍에미리트도 이슬람 국가인데 이래도 되나?' 하며 의문을 품고 있는 나를 발견하고 고개를 저었다. 어느새 이란에 적응한 건지 여느 사회에서 볼 수 있는 당연한 모습마저 어색하게 느껴졌다.

두바이 시내로 들어섰을 때는 처음 서울에 온 시골쥐 신세나 마찬가지였다. 휘황찬란한 건물과 쭉 뻗은 도로, 수많은 미국계 체인 식당을 보면 절로 신기한 기분이 들었다. 내가 서 있는 곳이 이란과 바다 하나를 사이에 둔 도시가 맞나 싶을 정도였다. 틈만 나면 답답한 이란을 떠나고 싶었지만, 나도 모르게 테헤란에서 안식을 느끼고 있었는지도 모를 일이다.

테헤란의 건조한 날씨와는 정반대로 두바이는 무척 습하고 무더웠다. 하지만 건물 안으로 들어가면 한기가 느껴질 만큼 추웠다. 무더위쯤은 돈으로 충분히 해결할 수 있다는 석유 부국의 자신감이 느껴졌다.

거리를 걷다가 더위에 지쳐 전철역 안으로 들어갔다. 셰이크 자예드 Sheikh Zayed 대로를 따라 개통된 최신식 지상철이었다. 매표소에서 편도 요금을 물어보고 이내 마음을 접었다. 편도 요금이 약 4디르함, 그래 봤자 우리 돈으로는 1,500원도 안 되는 돈이었다. 하지만 어쩐지 나는 이란 물가와 비교하고 있었다. 당시 테헤란 지하철 요금은 4천 리알, 150원쯤이니 두바이가 테헤란보다 열 배나 비쌌다. 한국에 비하면 그리 비싸다고 할 수 없는데도, 이란에 살고 있는 동안은 철저히 이란인처럼 생각해야 한다며 오기를 부렸다.

전철역을 빠져나와 구시가지 데이라 Deira 를 정처 없이 걸었다. 가만히 서 있어도 금세 땀이 줄줄 흐르는 날씨였다. 공기 중의 소금기는 두바이가 페르시아만 Persian Gulf 에 걸쳐 있는 탓이다. 이란과 아라비아반도 사이의 바다를 두고 이란은 '페르시아만'이라 부르고, 아라비아반도 국가들은 '아라비아만 Arabian Gulf'이라 칭한다. 이란 프로축구 리그의 공식 명칭은 '페르시아만 프로 리그'이고, 아랍에미리트는 '아라비아만 리그'다. 언제 불거질지 모르는 갈등이 스포츠에도 내재되어 있는 셈이다. 영국의 지도 제작사 콜린스는 이 바다를 단순히 '만 The Gulf'으로 표시하고 있다. 양측의 미묘한 입장 차를 반영한 고육책일 것이다.

데이라 전통시장을 가로질러 걷다가 길을 잃었다. 어쩔 수 없이 전철을 타고 돌아가야 하는데, 전철역이 좀처럼 눈에 띄지 않았다. 난감하던 차에 주변의 행인에게 길을 물었다. 전철역은 근처에 없고 조금 걸어가면 버스 정거장이 있다고 했다. 버스 정거장에 도착했는데, 매표소가 따로 없었다. 줄을 서 있는 아저씨에게 요금을 어떻게 내느냐고 물었더니, 현금은 안 받고 두바이 교통카드인 놀^{Nol} 카드를 써야 한단다.

당황하는 내 모습이 안타까웠는지 어디서 왔냐고 물었다. 한국 사람인데 지금은 테헤란에 살고 있다고 짧게 대답했다. 갑자기 그가 반색하며, 자기는 이란 사람인데 두바이에 거주하고 있다고 했다. 그러더니 카드가 두 개 있으니 쓰라며 선뜻 교통카드를 내밀었다. 카드는 찍은 다음 돌려주고 요금은 현금으로 주겠다고 말했더니 정색을 했다. 앞으로 전철이나 버스 탈 일이 또 생길지 모르니 가져가라고. 아랍에미리트에서 다시 맞이한 '이란식 환대'였다.

그는 사업상 두바이에 있지만, 자주 이란에 간다고 말했다. 알고 보니 두바이에는 이란 비즈니스맨이 매우 많았다. 이란은 국제 결제와 송금이 되지 않으니 두바이 사업장에서 무역 거래가 이루어졌다. 실제 이란으로 들어가는 물건이라도 명목상 결제는 두바이에서 하는 방식이다. 같은 이치로 테헤란에서도 두바이로 돈을 보낼 수 있다. 은행 시스템이 아니라 사설 환전소를 통한 것이다. 테헤란 환전소의 요청이 있으면 두바이 현지에서 두바이에 개설된 계좌로 이체하는 식이다.

따지고 보면 아랍에미리트의 가장 중요한 고객은 이란이었다. 사이가 썩 좋다고 할 수는 없지만, 적어도 공생관계임은 분명했다. 경제 제재가 심각해지면서 이란은 제3국을 통한 거래를 늘릴 수밖에 없었고, 아랍에미리트, 특히 두바이는 이란의 중계무역 수요를 충실하게 소화해 냈다. 아랍에미리트 입장에서 이란 금수 조치는 역내에서 자신들의 경제적 입지를 굳건히 다질 수 있는 호재나 마찬가지였다. 국제 사회가 이란의 목줄을 더욱 옥죄길 내심 바랐을지도 모를 일이다.

반면 이란 사람들은 아랍에미리트의 빠른 성장을 보며 격세지감을 느꼈을 것이다. 70년대만 하더라도 지금 중동에서 두바이가 하고 있는 역할은 이란의 몫이었다. 멀리 갈 것도 없이 하늘길만 봐도 그랬다. 1946년 설립된 이란 항공은 70년대까지 비약적으로 성장을 거듭했다. 영국 런던에 주 30회 취항한 것을 비롯해 웬만한 유럽 주요 도시를 모두 잇는 중동 대표 항공사로 발돋움했다. 1976년에는 호주 콴타스 항공 다음으로 세계에서 가장 안전한 항공사로 선정될 정도였다.

1979년 이슬람 혁명으로 미국과 수교가 단절되고 이란-이라크 전쟁이 장기화되면서 이란 항공은 차츰 쇠락의 길을 걸었다. 낡은 항공기를 제때 교체할 수 없었고, 결국 안전을 이유로 유럽 취항금지 목록에 오르락내리락하면서 중동 항공시장의 주도권을 아랍에미리트에 내주었다. 2000년대 들어서는 핵 개발 의혹이 불거지면서 항공 분야도 강도 높은 제재 대상이 되었다. 운항 7년이 넘은 중고 기체만 도입할 수 있기에 평균 운항 연수가 평균 25년이 넘어갔고, 부품 수입까지 여의치 않아 허술한 관리와 잦은 사고로 악명이 높아졌다.

2016년 1월, 경제 제재 해제가 발표되자 이란은 항공기 주문부터 서둘렀다. 하산 로하니 대통령은 프랑스를 방문한 자리에서 4년간 에어버스 118대를 구입하는 계약서에 서명했다. 우리 돈으로 30조 원에 달하는 엄청난 규모였다. 여기에 자극받은 미국 보잉도 이란에 상업용 여객기를 판매할 수 있는 허가를 자국 정부로부터 받아냈다. 영국항공, 에어프랑스, 네덜란드항공 등 유럽 주요 항공사도 테헤란 운항을 재개했다.

이란은 한술 더 떠 혁명 후 40년 가까이 중단된 미국 노선을 되살리 겠다는 야심 찬 계획까지 세웠다. 아랍에미리트에 내준 시장을 다시 가 져오기 위해 하늘길부터 열자는 속셈이었다. 이란은 중동 항공시장을 주름잡던 과거의 영화를 되찾겠다는 의욕이 가득하지만, 갈 길은 멀고 도 멀다.

이란 입국의 관문인 이맘 호메이니 국제공항은 개장한 지 10년이 조 금 넘었는데도 벌써 낙후된 모습이다. 늘어나는 여객 수요를 감당하려 면 공항 확장도 절실해 보인다.

무엇보다 공급자 위주의 수준 낮은 서비스를 전면 개선하지 않는 한, 의욕적으로 나선 경쟁에서 순식간에 도태될 게 뻔하다. 테헤란에서 두 바이를 갈 때면 종종 이란 국적기를 이용했는데, 구색만 갖췄지 서비 스 질이 매우 떨어졌다. 이슬람 공화국 항공사답게 기내에서 술은 제 공되지 않았다. 낡은 비행기 의자에는 당연히 모니터가 없었고, 있다고 해도 고장인 경우가 태반이었다. 시간을 때우려면 알아서 책이나 음악 을 준비해야 했다. 팟캐스트 음원을 내려받으며, 이란 비행기 서비스를 '셀프엔터테인먼트 시스템'으로 이름 붙이기도 했다.

인천에서 두바이까지 대한항공을 타고 와서 테헤란행 이란 항공으 로 갈아타려면, 두바이에서 짐을 찾은 후 다시 수속하는 것도 무척이나 번거롭다. 우리나라 항공사와 이란 항공은 제휴 관계가 아니라, 인천 공항에서 두바이-테헤란 구간 표를 미리 받을 수 없기 때문이다.

워낙 빠르게 변하는 세상이라 멈춰 있으면 곧바로 뒤처진다. 이슬람 혁명 이후 이란은 세상의 흐름과 동떨어져 정체하고 있는 것이나 마찬가지였다. 그사이 자본으로 무장한 걸프 국가들은 저 멀리 치고 나갔다. 이란 사람들은 혁명 이전 자신들이 누린 영화를 떠올리며 아랍에미리트를 애써 무시하며 말했다.

"그래 봤자 쪼그만 아랍 국가의 졸부들일 뿐이야."

테헤란으로 돌아오는 비행기에서 나는 속으로 생각했다. 누가 훔쳐 가기라도 할까 봐 달러로 가득한 가방을 발밑에 밟고서.

'그래서 뭐So what?'

03

세속의 중심에서
터키를 걷다

우리는 이란에 오고 곧바로 아기를 가졌다. 결혼한 지 석 달 만에 낯선 환경에서 살림을 꾸렸고, 또 한 달 만에 새로운 가족 맞이를 준비해야 했다. 매일 출근하는 나는 직원들과 부대끼면서 정신이 없고 스트레스도 받았지만, 그만큼 치열하게 살고 있었다.

하지만 일을 그만두고 떠나온 아내는 홀로 멈춰 서 있는 순간이 어색하게 느껴졌을 것이다. 더구나 이란은 외국인 여성 혼자 외출하려면 큰 용기가 필요했다. 집에 있는 시간이 절대적이었던 아내는 불러 오는 배만큼 정신적 고통을 호소했다.

환기가 필요했다. 어디든 가서 다시 살아낼 용기를 회복하고 와야 했다. 첫 여행이니 가까운 서쪽으로 가자고 아내에게 말했다. 직항도 많고 거리도 가까운 터키 이스탄불이 어떻겠냐는 뜻이었다. 아내는 완강히 반대했다. 터키도 결국 이슬람 아니냐고, 시간이 더 걸리더라도, 돈을 더 내더라도 유럽으로 가자고 했다. 한국에서 유럽을 가려면 10시간이 소요되는데, 이란은 절반이면 된다. 이란에 있을 때 유럽을 가는 건 합리적인 선택이라고 스스로 위안했다.

첫 여행지는 독일이었다. 마침 **뒤셀도르프**Dusseldorf로 가는 직항이 있었다. 뒤셀도르프는 **퀼른**Koln에서 가까웠다. 퀼른…, 이름만 들어도 가슴 설레는 도시 아니던가. 우리는 성당 같은 유명한 관광지보다 사소한 일상에서 편안함을 느꼈다. 길을 건널 때면 손으로 운전자를 제압하면서 신경전을 벌이지 않아도 되었다. 독일에서는 웬만하면 보행자 우선이니까. 야외에서 아침부터 맥주를 마시면서 무언가를 골똘히 읽는 독일인들의 모습을 보면 숨통이 확 트이는 기분이었다. 이란에서 나의 맥주 마실 권리는 제한되어 있었다.

조금이나마 버텨 낼 힘을 비축하고 돌아온 우리는 곧바로 다음 여행을 계획했다. 이란 생활이 장거리 달리기라면 중간중간 적절한 휴가로 목을 축여야 했다. 우리는 구간을 잘게 나눴고, 몇 개월만 잘 버티면 다른 나라로 가서 새로운 공기를 한껏 마시고 올 수 있다고 서로를 위무했다.

이번에는 꼭 터키를 가자고 말했다. 우리는 아시아 동쪽 끝에서 왔고 서쪽에 있는 유럽도 가 봤으니, 아시아와 유럽의 경계를 확인해 보자며 입에 발린 말을 건넸다. 아내는 탐탁잖은 눈치였다. 사실 나도 그때는 터키를 잘 몰랐다. 아시아를 벗어나 유럽연합에 가입하고 싶어 한다는 정도가 내가 가진 배경지식의 전부였다. 그래서 더욱 가고 싶었다.

이란과 터키가 어떻게 다른 노선을 걷고 있는지 두 눈으로 똑똑히 보고 오리라 희망했다.

추운 겨울날, 우리는 이스탄불로 향하는 비행기에 몸을 실었다. 아타튀르크 공항에 내려 공항을 찬찬히 둘러보았다. 입국장에는 스타벅스와 카페 네로 Caffe Nero가 나란히 붙어 있었다. 카페 네로에 들러 따뜻한 아메리카노를 시키고 자리를 잡았다. 커피가 나오길 기다리며 지나가는 사람들을 구경했다.

히잡을 두른 사람도 있었고, 그렇지 않은 이도 있었다. 독실한 이슬람식 복장을 한 여성도 있었고, 아주 개방적으로 보이는 청년들도 우리 앞을 지나갔다. 국경을 맞대고 있었지만, 공항에서 마주한 터키는 이란과 천양지차였다. 혼란스러웠다.

커피를 다 마시고 자동판매기에서 교통카드 이스탄불카르트 Istanbulkart를 두 장 샀다. 자판기는 친절하게도 터키어와 영어 안내를 제공하고 있었다. 당연히 영어를 골랐지만, 터키 글자는 로마자와 비슷하게 생겨서 발음할 수 있을 것 같았다. 아랍 문자를 기반으로 한 페르시아어는 따로 공부하지 않으면 감히 읽어 볼 엄두가 나지 않았는데 말이다. 이란과 터키의 또 다른 근본적 차이였다.

이스탄불은 구시가지와 신시가지가 확실하게 구분되어 있다. 우리는 주요 유적지가 몰려 있는 구시가지, 술탄아흐메트 Sultan Ahmet 모스크 근처에 여장을 풀었다. 도시 구석구석을 걸어 다니며 웬만한 유적지를 둘러보고 난 다음, 갈라타 Galata 다리를 건너 신시가지로 갔다.

갈라타 탑을 지나면 나오는 길쭉한 거리는 '이스티클랄 Istiklal'로 불렸다. 어라, 많이 들어본 이름이 아닌가. 페르시아어로 독립을 의미하는 '에스테글랄'과 뜻이 같았다. 이스티클랄 거리를 쭉 따라 올라가면 나오는 큰 광장은 '탁심Taksim' 광장이다. 터키 사람들은 광장을 '메이단Meydan'이라고 불렀다. 가만 보자. 광장은 페르시아어로도 '메이단' 아닌가. 이란말로 탁심 광장은 '메이다네 탁심Meydan-e Taksim'이 된다. 오스만 튀르크 제국 시절, 터키는 이란 관료를 많이 등용했고, 자연스레 페르시아어가 터키어에 스며들었기 때문이다.

제1차 세계대전에서 오스만 튀르크 제국이 패배하자 터키 민족주의자들은 연합국과 맺은 정전 협정을 파기하고 독립 전쟁을 일으켰다. 총사령관으로 전쟁을 이끈 **무스타파 케말 아타튀르크**Mustafa Kemal Ataturk(이하 아타튀르크)는 터키의 영토를 수복하고 일약 영웅으로 떠올랐다.

1923년, 그는 술탄제를 폐지하고 터키 공화국 수립과 동시에 초대 대통령 자리에 올랐다. 1300년간 지속된 칼리프 제도를 없애는 등 정교분리 원칙을 바탕으로 강력한 세속화 정책을 펼쳤다. 이슬람 종교 율법 샤리아를 금지했고, 복잡한 아랍 문자 대신 로마자를 사용하는 언어 개혁법을 통과시켰다. 서구식 정부 제도도 받아들여 터키는 세속·민주 공화국이라고 아예 헌법으로 못 박았다.

아타튀르크는 말 그대로 '튀르크인의 아버지'라는 뜻이다. 그의 어린 시절 이름은 '무스타파'였으나, 모든 사람이 성씨를 쓰는 법을 시행하면서 터키 국민의회로부터 '아타튀르크'라는 성을 부여받았다. 직계 자손을 남기지 않고 사망하여 아타튀르크는 한 사람만을 의미하는 고유어로 자리 잡게 되었다.

아타튀르크의 서구식 개혁을 눈여겨보고 있는 인물이 있었다. 이웃 나라 페르시아의 레자 파흘라비였다. 1921년 영국의 도움으로 쿠데타를 일으켜 정권을 장악하고 수상이 된 그는, 왕정을 폐지하고 공화정을 수립하는 법안을 상정했다. 이슬람 성직자들의 강한 반대에 부딪혀 왕정이 지속되었지만, 그가 닮고 싶었던 사람은 분명 아타튀르크였다.

유럽을 지향하는 그에게 '페르시아'라는 국호는 고대를 연상시키는 낡은 이름이었다. 왕으로 선출된 지 10년 만인 1935년, 국호를 페르시아에서 이란으로 바꾼다. 이란은 '아리아인의 나라', '고귀한 사람들'이라는 뜻이다. 이름에서부터 고귀한 아리아인의 후예를 자처하고 있는 셈이다. 제2차 세계대전 때였으니 히틀러의 입김도 무시할 수 없었을 것이다.

결국 나치에 호의적이다는 설이 돌면서, 1941년에 아들 모함마드 레자 샤에게 왕위를 넘겨주게 되었다. 시간이 흘러 1979년 호메이니가 주도한 혁명으로 파흘라비 왕조가 무너졌고, 그제야 이란은 '이슬람 공화국'이 된다.

이란과 터키는 이렇듯 가깝고도 멀고, 비슷하면서도 다른 국가다. 두 나라 모두 과거 제국의 영광을 가슴에 품고 살지만, 현재 모습은 확연히 다르다. 터키의 공식 국호는 '튀르키예 줌후리예티Türkiye Cumhuriyeti', 우리말로는 '터키 공화국'이다. 헌법 서두에 세속주의 국가임을 분명히 밝히고 있다. 종교가 공공의 영역과 완전히 분리된 세속주의는 아타튀르크가 근대화를 추진하면서 뿌리로 삼은 건국이념으로, 현대 터키의 정체성을 드러내는 기본 원리나 다름없다.

반면 이란의 국호는 '좀후리에 에슬라미에 이란Jomhuri-e Eslami-e Iran' 이다. '에슬라미'에서 짐작할 수 있듯이 '이란 이슬람 공화국'이다. 이란 헌법은 종교가 국민의 정치·경제·사회·문화적 토대가 된다고 명시 하고 있으며, 호메이니의 지도 이념에 따라 무슬림의 저항과 승리로 세 워진 국가임을 분명히 밝히고 있다. 이슬람 법학자에 의한 통치를 주장 한 호메이니는 자신이 직접 최고 종교지도자가 되어 실질적인 국가통 치권을 갖게 된다.

현대 역사에서 두 나라를 대표하는 인물을 꼽으라면 당연히 호메이 니와 아타튀르크가 될 것이다. 양국 수도로 들어가는 관문만 봐도 알 수 있다. 테헤란 국제공항의 이름은 '이맘 호메이니'고, 이스탄불의 제 1공항은 '아타튀르크'다. 그러나 두 사람이 지향한 사회의 모습은 정반 대였다. 호메이니에게 종교는 곧 국가였지만, 아타튀르크는 종교와 국 가는 엄격히 분리되어야 한다고 봤다.

하지만 터키의 세속주의도 조금씩 도전에 직면하고 있다. 2016년 6월, 동서양을 연결하는 아타튀르크 공항에서 폭탄 테러가 발생했다. 에르도안 터키 대통령은 배후로 다에시Daesh(IS로도 부름)[*]를 지목했지

....

[*] 이라크와 시리아 등지에서 활동하는 무장단체 ISIS(Islamic State in Iraq and Syria)는 2014년에 IS(Islamic State)로 이름을 바꾼다. 중동 및 이슬람 국가들은 IS가 마치 이슬람을 대표하는 국가로 오해할 수 있는 까닭에, IS 대신 다에시(Daesh)로 부른 다. ISIS를 아랍어로 옮겨서 만든 단어인데, '짓밟다'는 의미의 아랍어인 '다헤스(dahes)' 와 발음이 비슷하다.

만, 이내 커다란 비판에 직면했다. 에르도안 정부의 일관성 없는 정책으로 터키의 치안이 매우 불안해진 상태였다. '히잡 금지령 해제'와 '노점 술 판매 제한' 같은 정책은 '케말리즘Kemalism'으로 불리는 아타튀르크식 세속주의에 대한 정면 도전이었고, 터키 국민은 즉각 반발했다. 다에시에 대해서도 미온한 태도를 유지하던 차에, 암시장에서 싼값에 원유를 공급받고 있다는 의혹까지 불거졌다. 석유가 나지 않는 터키 입장에서 매력적인 제안이었을 것이다.

심상치 않은 사건이 연이어서 일어났다. 아타튀르크 공항 테러가 있은 지 3주도 채 지나지 않은 2016년 7월 15일, 군부가 갑작스레 쿠데타를 일으켰다. 터키는 헌법으로 세속주의를 수호하는 쿠데타를 보장하고 있었지만, 어쩐 일인지 이번 쿠데타는 6시간 20분 만에 실패로 막을 내렸다.

이즈미르에서 휴가를 보내고 있던 에르도안 대통령은 즉각 이스탄불로 복귀했다. 아타튀르크 공항에 도착한 그는 기다렸다는 듯이 '터키 군의 폐단을 정화하겠다'고 말했다. 일부에서는 테러와 쿠데타가 지지층을 확대하기 위한 에르도안의 자작극이라는 소문까지 돌았다.

에르도안은 이슬람주의 정당인 정의개발당 총수로, 2003년 처음 총리에 취임하여 내리 3선에 성공하며 2014년까지 11년 5개월 동안 총리를 역임했다. 터키의 정치제도는 명목상 의원내각제였지만, 에르도안의 권력이 막강해지면서 이원집정부제나 다름없었다. 당헌상 4연임이 어려워진 에르도안은 개헌을 통해 5년 중임의 대통령 중심제를 구축하고 터키 역사상 첫 대통령이 되었다. 2024년까지 집권 기반을 마련한 그는 이슬람에 국교와 다름없는 위상을 부여했고, 교묘하게 종교적 절대성을 내세웠다. 이로 모자라 2018년에 조기 대선을 치르면서 2028년까지 집권할 수 있게 되었다(중임 중인 대통령이 조기 대선을 치르면 추가로 5년을 재임할 수 있어, 이론적으로는 2033년까지 가능하다).

'아랍의 봄'이 한창이던 2011년, 터키의 정치 체제는 세계의 주목을 받았다. 세속주의를 바탕으로 이슬람교와 서구식 민주주의를 혼합한 터키식 모델은 중동·북아프리카 국가에게 매력적인 대안이었다. 하지만 시간이 흐르면서 터키는 서서히 종교국가로 탈바꿈하려는 행보를 보이고 있다.

첫 여행에서 돌아온 후, 가슴이 답답해질 때마다 터키로 건너갔다. 주말을 이용한 도깨비 여행이었다. 테러와 쿠데타가 진정되고 몇 달 지나지 않았을 때다. 나는 여느 때처럼 아타튀르크 공항에 내렸다. 아내는 둘째를 낳고 한국에 머무르고 있었다. 공항버스를 탈까 잠시 고민하다가 무작정 걷기로 했다. 공항에서 탁심 광장 근처의 숙소까지는 20km 남짓. 야심 차게 시작했지만, 공항 밖으로 빠져나오면서부터 호된 검문을 당했다. 총으로 무장한 경찰은 내 몸과 가방을 샅샅이 확인했다. 탁심 광장까지 걸어가겠다고 말하니 황당해하는 반응이었다.

경찰의 수색을 무사히 마치고 보스포러스 해협을 향해 한 걸음씩 발을 옮겼다. 찌뿌둥하던 다리는 금세 터키 땅에 적응했다. 나는 속세를 찾아 헤매고 있었다. 하지만 세속이 만연한 사회의 대통령은 국가적으로 종교색이 너무 옅다고 생각하고 있었다. 어쩌면 인간은 자신에게 부족한 부분을 늘 그리워하며 살고 있는지도 모를 일이다.

04
해묵은 대립의 대상,
사우디

"A와 B라는 국가가 있다고 가정하자. A에서는 정기적으로 자유로운 선거가 실시되며, 여성이 투표할 수 있다. 대학생의 절반 이상이 여성이고 그들은 졸업 후 직장에서 일하거나 창업을 한다. 여성들은 누구나 운전면허증을 소지할 수 있으며, 일반적으로 남성보다 더욱 과격하게 운전한다. A는 이슬람이 국교지만 기독교, 유대교 등 소수 종교를 인정하고 있다.

B에서는 여성의 운전을 금지해 오다가 2018년 6월부터 풀기로 했다. 다만 여성은 참정권이 여전히 제한되며, 기업 경영은 상상할 수도 없다. 교회, 유대교 회당처럼 이슬람을 제외한 다른 종교 사원 건립을 법으로 엄격히 막고 있다. B는 미국과 우호 관계를 유지하고 있으나, 일부 국민은 극단적인 반미 성향을 보인다.

A와 B 중 미국이 지향하는 가치와 보다 가까운 나라는 어디일까?"

미국의 언론인인 토머스 프리드먼Thomas Friedman이 한 칼럼에서 던진 질문이다. 열거된 사실만 보았을 때 미국은 B보다 A와 가까울 것 같지만, 현실은 정반대다. A는 미국인이 가장 싫어하는 나라 중 하나인 이란이고, B는 미국의 동맹인 사우디아라비아인 까닭이다.

시아파 이슬람의 맹주인 이란과 수니파 이슬람의 종주국인 사우디는 종교·정치·경제적으로 사사건건 충돌해 왔다. 수니파는 무슬림 신자 90% 이상을 차지하며 종교를 주도하는 세력이지만, 시아파는 10% 미만의 소수 집단이다. 같은 무슬림이지만 두 종파 사이는 개신교와 가톨릭만큼 골이 깊다. 서구 미디어에서 이슬람교는 매우 과격하게 다루어지는데, 그 중심에 시아파와 수니파의 갈등이 있다.

이란 생활에 박차를 가하던 2016년 1월 초였다. 사우디 정부는 자국 내 시아파를 대표하는 성직자 님르 바크르 알님르Nimr Baqir al-Nimr를 갑작스레 사형했다. 테러 혐의자 47명에 대한 정당한 사형 집행이었다고 주장했지만, 시아파를 대표하는 이란의 반발을 사기에 충분했다. 이란에서는 즉각 시위대가 집결했고, 테헤란의 사우디 대사관은 성난 군중의 공격을 받았다. 사우디는 곧장 외교관계 단절을 공표했고, 이란에 거주하던 사우디 외교관들은 곧바로 짐을 싸서 이란을 떠났다. 이란도 사우디산 제품 수입을 전면 금지하는 금수 조치로 맞불을 놓았다. 사우디 대사관이 있던 테헤란 부스탄Boustan 거리도 아야톨라 님르 바크르 알님르Ayatollah Nimr Baqir al-Nimr 거리로 순식간에 이름이 바뀌었다.

사우디는 사실 2015년 7월 이란이 핵 협상을 타결하고 나서부터 이란을 맹비난하고 있었다. 우방인 미국에 대한 실망감도 감추지 않았다. 이란이 길고 길었던 제재를 벗어나 기지개를 켜기 시작하면, 사우디가 입을 경제적 타격이 만만찮기 때문이다. 이란은 '제재가 풀리면 하루 원유 생산량을 50만 배럴 이상 늘리겠다'고 석유수출국기구 회의에서 이미 선언한 상태였다. 사우디의 하루 평균 초과 산유량이 200만 배럴에 달하는 점을 고려하면 결코 허무맹랑한 주장이 아니었다. 사우디는 유가 하락을 무릅쓰면서까지 증산을 고집했다. 향후 에너지시장 주도권 싸움에서 이란에 밀릴 수 없다는 절박함 때문이었다. 수니파 사우디와 시아파 이란의 종교적 논쟁이 원유시장에서도 패권 다툼으로 재연되는 셈이었다.

당시 이란은 핵 협상으로 요구된 조치들을 충실히 이행하며 전면적인 경제 제재 해제를 눈앞에 두고 있었다. 사우디는 곤두박질치는 유가와 왕실에 대한 낮은 신뢰로 다급해졌고, 정권을 유지할 동력을 외부에서 찾았다. 이란이 마침 알맞은 대상이었다. 국제사회의 비난을 감수하며 대규모 사형을 집행한 실질적인 이유다.

양국의 대립과 반목은 국제 스포츠 행사로 불똥이 튀었다. 해마다 아시아 최고 축구 클럽을 가리는 AFC 챔피언스리그는 2014년부터 동서로 지역을 나눠서 본선 경기를 치렀다. 그동안 한·중·일이 속한 동아시아 클럽이 우승을 독식하자, AFC 집행부는 서아시아에서도 결승에 오를 수 있도록 룰을 바꾼 것이다. 준결승전까지 동서로 나눠서 본선을 치르고, 결승전에서 양쪽 지역 최강팀이 만나게 되는 방식이었다. 아시아축구연맹 집행부에서 막강한 권한을 가진 아랍 국가의 입김이라는 소문이 돌았다. 스포츠에서도 자본과 힘의 논리가 철저히 작용했다.

룰이 바뀌면서 중동 국가끼리 만나는 횟수가 현저히 늘어났다. 그동안 중동의 전통적 강호인 이란과 사우디는 한국, 중국과 함께 출전 티켓을 많이 배정받는 나라였다. 2016년 예의 단교 사태가 터지자, 사우디는 당장 이란 팀과는 경기를 할 수 없다고 보이콧을 선언했다. 홈앤드어웨이 방식으로 양국을 한 번씩 오가다 자칫 큰 사고가 일어날 수도 있는 상황이었다. 집행부는 고심할 수밖에 없었다. 서아시아를 대표하는 두 나라 클럽이 불참하면 흥행 실패는 불 보듯 뻔한 결과였다.

아시아축구연맹이 중재에 나섰다. 으르렁대던 두 나라가 상대를 안방으로 불러들일 수는 없는 노릇이니 제3국 경기를 제안한 것이다. 사우디는 걸프협력회의의 만형답게 아랍에미리트에서, 이란은 주변국 중 그나마 관계가 가까운 오만에서 홈경기를 주관하기로 했다. 마침내 2017년 준결승전에서 양국 수도를 대표하는 팀이 만났다. 테헤란을 연고로 하는 페르세폴리스는 오만의 무스카트를 홈으로, 사우디 리야드의 알힐랄은 아랍에미리트의 아부다비를 홈으로 경기를 치렀다. 원정팀의 무덤인 아자디 구장의 이점을 활용할 수 없었던 탓일까, 페르세폴리스는 아부다비에서 열린 1차전에서 0:4로 패하고, 무스카트에서 열린 2차전도 2:2 무승부로 끝나면서 알힐랄이 결승에 진출했다.

두 나라는 이슬람 최대 종교행사인 하지Hajj(성지순례)를 두고도 격렬하게 대립했다. 2015년 9월 성지순례 기간에 사우디 메카에서 대형 압사 사고가 발생했다. 전체 사망자 수가 700명이 넘었는데, 이란 순례객이 절반 이상을 차지했다. 2016년 성지순례를 앞두고, 이란 최고 지도자 하메네이[Khamenei]*는 압사 사고의 책임은 전적으로 사우디 왕실에 있다고 비난했다. 결국, 사우디는 이란인의 방문을 금지했다. 사형 집행으로 국교가 단절된 후에도 메카와 메디나 통행만큼은 허용했던 선례를 떠올리면, 매우 이례적인 일이었다.

사우디는 '이란인은 무슬림이 아니라 수니파를 무너뜨리려는 조로아스터교 출신일 뿐'이라고 이란을 폄훼했다. 과격한 발언이었지만 현재 이란이 맞닥뜨린 고민을 엿볼 수 있는 이슈임은 분명했다. 7세기 아랍의 침략으로 이슬람교를 받아들이기 전까지 이란은 조로아스터교 국가였고, 16세기에 들어서면서 주변 아랍·투르크 국가와 차별된 페르시아 정체성을 강조하며 시아파 이슬람을 국교로 선포했다. 주류인 수니파에 대항하는 시아파를 적극 수용하면서 전통 종교인 조로아스터교의 부활을 꾀한 것으로 해석할 수 있다.

그런 종교적 배경 탓인지, 이슬람 혁명으로 정교일치 체제를 수립한 후에도 다른 아랍권에 비하면 이란의 종교적 정체성은 현저히 약하다. 금식, 성지순례 등 무슬림의 의무를 지키지 않는 세속화된 사람도 많다. 고대 페르시아 제국의 후예라는 자긍심은 이란 사람들의 사고방식에 커다란 부분을 차지하고 있으며, 일부 골수파는 '진정한 이란 역사는 아랍의 침략을 받아 이슬람화되기 전까지'라고 말할 정도다.

이란은 사우디의 원색적 힐난에 맞서 알카에다 등 테러 조직과 사우

....

* 이란 3·4대 대통령을 지낸 인물로, 1989년 초대 최고 지도자인 호메이니가 사망한 후 2대 최고 지도자로 선출되었다.

디 왕가의 연계설을 일부러 부각했다. 이란 국영방송은 해마다 9월 11일이 되면 다큐멘터리 프로그램을 방영한다. 9·11 테러의 범인 19명 가운데 15명이 사우디 사람이며, 왕가가 이들에게 돈을 대준 것은 공공연한 사실이라는 내용이다. 아울러 세계 곳곳에서 번지는 폭력적 이슬람 극단주의를 방조한 사우디와 이를 묵인하다 화를 입은 미국을 동시에 지탄했다.

　이슬람 극단주의 세력의 확장은 1979년으로 거슬러 올라간다. 1979년 11월, 이슬람 세계를 충격에 빠뜨린 한 사건이 사우디에서 발생했다. 율법학자 와하브의 이론을 추종하는 극단주의 세력이 메카 대사원을 점령한 것이다. 와하비즘Wahhabism은 선지자 무함마드 시절의 초기 이슬람 공동체를 복원하고, 쿠란의 열린 해석과 새로운 사상을 몰아내야 한다는 내용이 핵심이다. 사우디 정부는 프랑스 특수부대의 도움을 받아 진압에 나섰고, 일주일 만에 대사원을 탈환했다. 하지만 이 사태로 통치자 알 사우드 왕가의 정통성은 크게 위협받았고, 와하비즘의 확산도 막을 수 없었다.

　고심하던 사우드 왕가는 내부의 긴장과 갈등을 봉합할 수 있는 구실을 나라 밖에서 찾았다. 바로 아프가니스탄이었다. 메카 점령 사태가 일어나고 한 달 후인 1979년 12월, 이란과 국경을 접한 아프가니스탄에 소련의 군사 개입이 시작되었다. 아프간 민중들이 친소 공산정권 타도를 위한 무장 항쟁에 나섰기 때문이다. 아프간 정권을 유지하려는 소련에 맞서 중동의 무슬림 극단주의자들이 연합하는 양상이 나타났고, 사우디는 미국과 함께 극단주의자들을 적극적으로 지원했다. 자국 내

와하비즘을 가라앉히려는 사우디와 소련 붕괴를 희망하는 미국의 이해관계가 맞아떨어진 것이다. 이로써 이슬람 무장 세력이 본격적으로 현대사에 등장하게 된다.

1979년에 일어난 일련의 사건은 복잡한 중동 정세를 이해할 수 있는 결정적 열쇠나 다름없다. 미국 등 세계 주요국의 묵인과 방조 아래 힘을 키워 온 이슬람 극단주의 세력은 이미 통제가 불가능할 정도로 덩치가 커졌다. 오바마 정부가 우방국인 사우디와 이스라엘의 격렬한 반대를 무릅쓰고 이란 핵 협상을 타결한 이유도 중동 지역에서 새로운 힘의 균형이 절실하다는 전략적 판단 때문이었을 것이다. 1979년 이후 형성된 중동 질서 역시 언제든 필요에 따라 재편될 수 있다는 점도 함께 암시하고 있다.

불특정 다수를 향한 테러와 다에시(IS)의 세력 확대로 이슬람 근본주의에 대한 우려를 미디어에서 손쉽게 접할 수 있다. 이슬람 세계에서 일어나는 크고 작은 사건이 이슬람 근본주의에 기인한다고 보는 것인데, 여기에는 이슬람교 자체가 폭력적이고 잔인하다는 의식이 깔려 있다.

'근본주의Fundamentalism'란 말은 원래 20세기 초반 미국 개신교 일부 교파에서 일어난 보수주의 종교 운동을 일컬었다. 19세기 말 기독교의 세속화가 심해지자 기독교의 근본 교리를 지키려는 명분으로 출현했는데, 이슬람교의 경우 사정이 다르다. 실천을 중시하는 이슬람의 특성상, 1400년에 달하는 이슬람 역사에서 근본 교리가 도전을 받은 적이 없기 때문이다. 이슬람 신자라면 누구나 쿠란을 절대적 원리로 여기며, 의심할 여지를 두지 않는다. 즉, 무슬림에게 이슬람은 생활의 근본 그

자체다. 여기에 또 다른 근본을 강조한다는 것은 논리적으로 앞뒤가 맞지 않는다.

그렇다면 이슬람교가 근본적으로 폭력적이라는 오해는 어디에서 온 것일까? 13세기 십자군의 이슬람 원정 당시, 기독교 신학자인 **토마스 아퀴나스**Thomas Aquinas가 '한 손에는 쿠란, 한 손에는 칼'로 이슬람을 묘사한 것에서 그 근원을 찾을 수 있다.

하지만 종교가 종교이기를 포기하지 않는 이상, 종교와 폭력은 양립할 수 없다. 여느 종교와 마찬가지로 이슬람도 중용을 바탕으로 평화와 자애를 추구한다. '이슬람 극단주의'가 '근본주의'라는 그럴싸한 이름으로 포장되는 한, 무슬림 전체에 대한 외부의 혐오는 더욱 커지고 테러는 반복될 것이 뻔하다.

더구나 중동을 대표하는 두 개의 축이 계속해서 삐걱거리면 이슬람 극단주의 세력은 더욱 활개를 칠 수밖에 없다. 이란과 사우디의 갈등을 바라보면서, 누구도 풀기 어려운 고차방정식을 마주한 수험생의 막막함이 떠오른다.

05

독일서 마주친
이란 디아스포라

아랍에미리트나 터키 같은 중동 국가를 제외하고, 이란에 살면서 가장 많이 간 나라는 독일이다. 아리아인의 후예를 자처하는 이란이니만큼 독일과 관계가 가깝기도 하고 직항도 꽤 많다. 대부분 이란 국적기다. 우리나라로 치면 꼭 대한항공과 아시아나항공처럼, 이란도 이란항공과 마한항공이 경쟁하고 있다. 이란 제일의 항공사는 이란항공이지만, 나는 주로 마한항공을 이용했다. 홈페이지에 영어 안내를 충실히 제공하고 있어서, 인터넷으로 직접 표를 사는 데 무리가 없기 때문이다.

이맘 호메이니 공항에서 티켓을 발권하는 마한항공 직원은 내게 꼭 물었다. 비자가 어디 있냐고 말이다. 한국 여권 소지자는 무비자로 웬만한 나라를 갈 수 있고 독일도 마찬가지라고 답하면, 직원은 못 믿겠다는 눈치로 기다리라고 했다. 여기저기 연락해 보고 대한민국 여권의 효력을 확인한 다음에야 못마땅한 표정으로 탑승권을 건넸다. 매번 수십 분을 기다리다 게이트가 닫히기 직전에 가까스로 비행기를 탈 수 있었다.

내심 불쾌했지만 이란 사정을 생각하면 이해가 안 가는 것도 아니다. 이란 여권을 들고 자유롭게 갈 수 있는 나라는 거의 없다. 특히 유럽 국가들은 이란 여권 소지자에게 비자를 엄격히 요구한다. 사전 인터뷰를 거쳐야 하는 것은 물론이고, 도착 후 입국 과정에서도 이란인들은 혹독한 질문 세례를 이겨 내야 한다. 날로 늘어나는 중동 이민자와 난민들로 인해 유럽에서는 사회통합 문제가 계속 대두되고 있어서다. 여기에는 물론 이란에서 건너온 사람도 포함되어 있다.

마한항공을 타고 독일에 도착했을 때다. 한 무리의 이란 승객들과 뒤셀도르프 국제공항에 내렸다. 이란 사람들은 당연히 비자를 받아 왔지만, 입국심사에 시간이 많이 걸렸다. 공항경찰은 한 명당 십 분 가까이 취조하듯 질문을 건넸다. 어떤 이는 별도로 마련된 사무실로 불려가 한참 진땀을 빼고 돌아왔다.

이란에서 독일로 건너온 탑승객 중 한국인은 내가 유일했다. 괜한 의심을 살까 봐 명함과 귀국편 항공권을 미리 꺼내서 손에 들고 있었다. 여권을 쭉 훑어본 공항경찰은 몇 가지 간단한 질문을 하더니 도장을 찍어 주었다. 이란 사람들에 비하면 손쉽게 심사대를 통과한 셈이다. 수하물이 나오기를 기다리면서, 아직도 초조하게 심사를 기다리고 있는 이란인들에게 괜스레 미안한 마음이 들었다.

다음번에는 아랍에미리트나 카타르에서 비행기를 갈아타야겠다고 생각했다. 온갖 국적이 섞이면 입국 심사에서 느낄 불편함은 덜할 테니.

이듬해 여름 나는 다시 독일행 비행기를 탔다. 이번에는 아랍에미리트의 수도 아부다비를 근거지로 둔 에티하드항공을 선택했다. 에티하드항공은 거대 자본을 바탕으로 나날이 사업을 확장하며 두바이 에미레이트항공과 어깨를 겨루는 항공사이다. 잉글랜드 프리미어리그 맨체스터 시티의 유니폼 스폰서로도 널리 알려져 있다. 맨체스터 시티의 구단주는 아부다비 왕족 출신의 아랍에미리트 연방 부총리이자, 우리나라에서 중동 부호의 대명사로 통하는 셰이크 만수르Sheikh Mansour이다.

'세계는 우리 집이며, 당신은 우리의 손님The world is our home. You are our guest'이라는 에티하드항공의 슬로건처럼, 세계 각지에서 온 사람들이 또 다른 세계로 가기 위해 분주히 움직이고 있었다. 그야말로 인종의 용광로나 다름없었다. 얼핏 봐도 승객의 피부색과 생김새가 매우 다양했다. 아랍에미리트 국적기임에도 에미라티는 거의 없었다. 돈 많은 그들은 모두 퍼스트클래스나 비즈니스클래스에 앉아 있는지도 모를 일이었다. 이코노미클래스 풍경만 놓고 봤을 때, 에티하드항공이 세계를 연고로 한다는 말은 과장이 아니었다.

입국심사는 예상대로 마음이 덜 불편했다. 에티하드를 타고 온 외국인은 대부분 같은 줄에 섰다. 비자를 받아 온 사람도 있었을 테고, 우리처럼 무비자로 온 여행객도 있었을 것이다. 다들 무심한 표정으로 자신의 차례를 기다리다가 별일 없이 심사대를 통과했다. 눈에 띄게 빠르거나 느린 경우는 없었다.

시내 호텔에 짐을 풀고 뮌헨 중앙역 2층에 있는 에이비스 렌터카 사무실을 찾아갔다. 딸을 데리고 하는 가족여행이라 차를 빌리기로 했다. 이란에서 인터넷으로 미리 렌터카 예약을 하고 국제 면허증을 챙겨서 왔는데, 생각지 못한 문제가 발생했다. 한국 면허증을 보여 달라는 것이다. 안내문을 꼼꼼히 읽지 않은 게 화근이었다. 국제 면허증이 한국 면허증의 번역본 역할을 하므로, 반드시 원본이 필요하단다. 두바이에서는 별문제가 없어서 두고 왔는데, 난감했다.

지갑에 이란 면허증이 있었지만, 독일에서 효력이 없다고 했다. 한국 면허증 사본을 영사관에 가서 공증해 오면 차를 빌려주겠다고 하는데, 공증하는 데만 며칠을 보내다가 자칫 여행을 망칠 수도 있는 상황이었다.

직원과 한참 승강이를 하고 있는데, 뒤에 줄 서 있던 한 남자가 다가왔다. 테헤란에서 왔냐고 나에게 묻더니 독일에 살고 있는 이란 이민자라고 자신을 소개했다. 다급한 와중에도 파르시로 인사말을 건네고 상황을 설명했다. 그는 자기 일처럼 안타까워했지만, 마땅히 나를 도와줄 방법이 없었다. 선뜻 발걸음을 떼지 못하는 그에게 인사를 건넸다.

"호다 하페즈(신의 가호를)!"

그가 떠난 뒤에도 몇 시간 동안이나 직원과 씨름을 했다. 결국, 주이란 한국 대사관 도장이 찍힌 면허증 사본을 팩스로 받는 선에서 타협을 봤다. 다행히도 이란 면허증을 발급받을 때 제출한 서류의 사본을 우리 사무실 직원이 보관하고 있었다. 테헤란에서 뮌헨으로 팩스가 넘어올 때까지 초조한 마음으로 손톱을 물어뜯었다. 팩스가 도착한 후에야 차 열쇠를 넘겨받을 수 있었다.

이란 핵 협상이 순조롭게 진행되면서 독일과 이란을 잇는 노선이 하나둘 늘어나기 시작했다. 독일 소규모 항공사인 게르마니아항공도 베를린과 테헤란을 연결하는 비행기를 띄웠다. 문득 나는 독일 비행기를 타고 이란 땅을 벗어나고 싶어졌다.

눈이 내리던 겨울날, 두툼한 점퍼로 무장한 채 베를린 쇤네펠트 공항으로 가는 'ST3329' 항공편을 탔다. 비행기는 작았고 의자에는 스크린이 없었다. 승무원은 모두 독일 사람이었다. 승무원이 250ml 짜리 생수를 한 병씩 나눠줬다. 한 병 더 달라고 했더니, 1인당 한 병이라고 했다. 실망하는 표정을 지으며 얼굴을 창가로 돌렸다. 그런 내가 마음에 걸렸는지 승무원은 몰래 물 한 병을 건넸다.

쇤네펠트 공항은 소규모 항공사들이 들고나는 공항이라, 활주로에서 청사 안까지 걸어 들어가야 한다. 유럽의 유명한 저가항공, 라이언에어도 많이 보였다. 학생 때 영국에서 종종 타던 기억이 떠올라 괜스레 반가운 마음이 들었다. 그사이 로고 디자인도 세련되게 변한 걸 보니, 시간이 꽤 흘렀구나 생각했다.

'에스반S-Bahn'이라 불리는 전철을 타고 베를린 시내로 들어갔다. 호텔에 도착해 짐을 풀고, 허기를 달래러 식당으로 향했다. 생맥주로 목을 축이면서 텔레비전으로 눈길이 향했다. 독일 채널에서는 각 나라 정치인의 몸싸움을 보여 주고 있었다. 우크라이나 의원들이 싸우는 모습이 나온 다음, 어디서 많이 본 장면이 바로 이어졌다.

대한민국 국회였다. 우리 의원들이 한데 섞여서 국회의장의 의사 진행을 방해하고 있었다. 부끄러워해야 마땅했지만, 타국 텔레비전에서 우리나라 정치인을 집단으로 마주치니 슬그머니 반가운 마음이 들었다. 소시지를 썰다가 나도 모르게 피식 웃음이 나왔다.

베를린에서 특별히 해야 할 일은 없었다. 차가운 공기와 맥주와 커피를 마시다 보니 돌아갈 날이 다가왔다. 테헤란으로 가져갈 물품을 다 샀는데도 비행기를 탈 때까지 시간이 많이 남아 있었다. 갑자기 무모한 오기가 발동했다. 지도 앱을 확인해 보니 숙소에서 쇤네펠트 공항까지는 24km. 부지런히 걸으면 대여섯 시간이 걸릴 테니, 이륙 두 시간 전에는 도착할 수 있었다. 어깨에 배낭을 메고 작은 캐리어를 끌면서 공항을 향해 걷기 시작했다.

한창 걷고 있는데 간판에 낯익은 글자가 보였다. 파르시였다. 가게 이름은 '이란숍Iran Shop'이었다. 갈 길이 바빴지만 잠깐 들어가 이란말로 인사를 건넸다. 상점 주인이 놀라는 눈치였다. 종류가 많지는 않지만, 이란에서 볼 수 있는 과자를 팔고 있었다. 나는 이란에 살고 있으며, 지금 테헤란으로 돌아가는 길이라고 말했다. 조금 더 걸어가는데, 이번에는 페르시아어책을 파는 공간이 나왔다. 밖에서 멍하니 쳐다보고 있으니 주인이 문을 열고 독일어로 뭐라 말했다. 모르긴 몰라도 '찾는 게 있냐?'는 뜻이었을 것이다. 나는 파르시로 여기가 '도서관Ketabkhane'이냐고 물었다. 주인은 웃으며 '서점Ketabforoush'이라고 답했다. 다시 발걸음을 바삐 옮겼다. 이번에는 이란 국기 모양의 간판이 눈에 들어왔다. 식당이었는데 이름은 '페르세폴리스'였다. 이란 국기 위에 독일산 맥주 '비트버거Bitburger' 로고가 붙어 있었다. 독일에서나 볼 수 있는 생소한 조합이었다.

내가 지나친 동네는 이란 이민자들이 모여 사는 곳처럼 보였다. 그들은 여러 이유로 이란을 떠나왔겠지만, 고향을 그리워하며 살고 있는 것 같았다. 어린 시절 자신이 나고 자란 곳을 벗어나 낯선 곳에서 터를 잡고 살아가는 사람들의 숙명일 것이다. 베를린에서 우연히 마주친 이란 디아스포라Diaspora(흩어진 사람들)는 공항까지 걷는 내내 나에게 애잔함으로 다가왔다.

06

'쉬라즈'에서 떠올린
한국

원래 출장을 가던 두바이 거래 은행에서 어느 순간부터 인출하는 돈의 용도를 묻기 시작했다. 우리는 잘못이 없었지만, 이란으로 들어가는 자금은 어쩐지 떳떳하지 못했다. 이란 금융제재 탓이라고 솔직하게 소명했다가는 두바이 사무실에 피해가 갈지도 모를 일이었다. 결국, 거래은행을 바꾸는 방법을 택했다. 몇몇 국가를 물색했고 그나마 가까운 터키가 낙점되었다. 출장을 갈 때마다 이스탄불 은행에 공문을 보내 허락을 받아야 했지만, 마음은 훨씬 홀가분해졌다.

사무실 운영비를 찾으러 이스탄불행 터키항공을 탄 날이었다. 비행기는 크지 않았지만, 그렇다고 작지도 않았다. 이란과 터키는 국경을 접한 이웃답게 오가는 사람이 늘 많았고, 그날도 비행기는 만석이었다. 내 자리는 창가 쪽도 복도 쪽도 아닌, 맨 뒷줄 가운데였다.

터키 맥주 에페스Efes를 마시고 싶어 승무원에게 부탁했다. 테헤란 구간에선 알코올이 제공되지 않는다는 무뚝뚝한 답이 돌아왔다. 에미레이트, 에티하드, 카타르항공에서는 테헤란 구간이라도 술을 서비스하고 있었다. 따라서 알코올 제공 금지가 강제 사항은 아닐 테다. 세속주의 국가 터키는 일부러 이란 이슬람 공화국 체제를 존중하는 제스처를 보내고 있는 것으로 보였다. 양국은 사이가 썩 좋다고 할 수 없지만, 대표적인 비아랍권 중동 국가인 만큼 서로 의지하고 있는 부분이 많은 현실이다.

이스탄불 시내에 들어가면 에페스 생맥주부터 시원하게 한잔 들이켜야겠다고 생각하며 이내 단념했다. 그런데 왼쪽에 앉은 사람이 정작술을 얻지 못한 나보다 더 안타까워하는 표정을 지었다. 그 모습이 고맙기도 하고 귀엽기도 해서 먼저 말을 걸었다. 비행기에 터키 사람과이란 사람이 섞여 있었는데, 어느새 내공이 쌓였는지 그 정도는 구분할수 있었다. 내 눈에 그는 분명 이란 사람이었다. 파르시로 물었다.

"베 이스탄불 미린(이스탄불 가세요)?"

"모사페라테 커리 에(출장인가요)?"

그는 다소 놀라는 표정을 지으며, 이스탄불을 경유해 런던으로 간다고 말했다. 이란말은 어떻게 배웠냐고 묻길래, 테헤란에 온 지 꽤 됐으며, 살아남으려면 어쩔 수 없었다고 대답했다.

그는 이란을 떠난 지 30년이 넘는 이란계 영국인으로, 영국 버밍엄Birmingham에 살고 있었다. 버밍엄은 학생 때 머물렀던 노팅엄과 가까운 대도시라 더욱 반가운 마음이 들었다. 노팅엄에서 버밍엄으로 축구를 보러 간 일을 시작으로 이런저런 얘기를 했다. 비즈니스맨이자 엔지니어인 그는 자신의 정체성을 살려 영국과 이란을 잇는 사업을 하고 있다고 했다. 영국 기술을 바탕으로 이란 회사와 합작해 대규모 프로젝트 입찰을 따내는 것이었다. 나는 한국 기업의 이란 진출을 돕고 있다고 말하며 명함을 건넸다. 그는 이란 동료들이 나를 만나고 싶어 할 것 같다면서, 연락처를 줘도 괜찮겠냐고 물었다. 대수롭지 않게 여기며 좋을 대로 하라고 답했다.

출장을 마치고 무사히 테헤란으로 돌아왔는데, 텔레그램으로 모르는 이에게 메시지가 와 있었다(이란 사람들이 가장 많이 쓰는 메신저가 텔레그램이다). 메시지를 보낸 이는 비행기에서 만난 이란계 영국인의 동료로, 이름은 하산이었다. 하산은 자신의 사업장으로 나를 초대하고 싶다고 했다.

공장은 테헤란에서 1,000km 떨어진 쉬라즈Shiraz에 있었다. 나는 쉬라즈까지 10시간 이상 차를 몰고 가기가 부담된다고, 솔직히 말했다. 그는 비행기로는 1시간밖에 안 걸린다며 꼭 방문해 달라고 했다. 연거푸 거절할 수도 없는 노릇이라 당일치기로 쉬라즈에 다녀오기로 했다.

이란 국내선은 시내에 있는 메흐라바드Mehrabad 공항에서 비행기를 탄다. 공항까지 지하철로도 갈 수 있지만, 밤늦게 돌아오는 일정이라 차를 끌고 갔다. 단기주차장에 차를 대고 요금표를 보니 12시간 이상 24시간 미만은 16만 리알이었다. 우리 돈으로 계산하면 6천 원 정도다. 이란 물가를 고려하더라도 공항 주차료치고는 매우 저렴했다. 이러니 다들 기를 쓰고 차를 몰고 나올 수밖에.

이란 국내선은 연발, 연착이 매우 잦았다. 수십 분은 물론이고 몇 시간씩 늦어질 때도 많았다. 하릴없이 대합실에 앉아 전광판을 쳐다보면서, 옆에 앉은 사람에게 수시로 쉬라즈행 비행기가 맞는지 확인했다. 국제선인 이맘 호메이니 공항과 달리 메흐라바드는 영어 안내가 매우 부실한 탓이다. 마침내 게이트가 열리고 사람들이 우르르 몰려들었다. 나도 그 틈에 껴서 줄을 섰다. 메흐르Mehr는 조로아스터교에서 말하는 광명의 신으로, 메흐라바드는 '빛이 충만한 동네'를 뜻한다. 메흐라바드 공항 관제탑에서는 비행기가 길을 잃지 않도록 불빛을 계속 쏘아 대고 있었다.

한 시간이 채 걸리지 않아 쉬라즈에 도착했다. 지방도시를 다닐수록 이란이 큰 나라라는 사실을 깨달았다. 남북한을 합친 한반도 면적의 7.5배나 되니 수치상으로도 엄청나다.

공항에는 하산이 마중 나와 있었다. 그는 나를 단박에 알아봤다. 승객 중에 중국인 여행자도 몇몇 있어서 더욱 놀라웠다. 캐나다에 오래 거주하면서 한국인들과 많이 어울렸기 때문에, 한국인과 중국인 정도는 쉽게 구분한다고 했다. 나도 이제 이란인과 터키인은 어렵지 않게 알아볼 수 있다고 거들었다. 우리는 서로 얼굴을 마주 보고 웃었다. 만나자마자 친해진 느낌이었다.

우리는 곧장 사무실로 갔다. 사무실은 신축 건물이었고 공장이 바로 옆에 붙어 있었다. 직원들과 인사한 다음, 하산은 영어로 회사 소개를 했다. 마침 점심때라 케밥을 먹으며 대화를 나눴다. 나는 좋은 한국 기업을 정성껏 소개해 주겠다고 약속하고, 테헤란에 오면 대접받은 만큼

답례하겠다고 덧붙였다. 하산은 그러지 않아도 된다고 점잖게 말했다. 식사를 마치고 함께 공장을 둘러보았다. 하산이 독일서 갓 들여온 수억 원 넘는 기계를 자랑하길래, '메이드 인 코리아'도 좋으니 앞으로는 한국산으로 알아보라고 농담을 건넸다. 우리는 깔깔거렸다.

공장 밖으로 나오니 조금씩 비가 내리고 있었다. 하산은 함께 갈 곳이 있다고 했다. 이란을 대표하는 14세기 시인 하페즈Hafez의 무덤이었다. 이란 어느 집에나 두 권의 책은 있는데, 한 권은 물론 쿠란이고 다른 한 권이 하페즈의 시집이라고 한다. 또, 이란 사람 치고 하페즈의 시한 편 못 외우는 이가 없고 하페즈 묘지에서도 시를 가르친다고 한다. 그만큼 하페즈는 이란에서 시성(詩聖)과 다름없는 지위를 누리고 있다. 가수 루시드폴이 스위스에서 유학할 때, 이란 유학생들이 함께 모여 시를 읽는 모습에 감명을 받았다고 할 정도니, 과연 말(言)의 민족답다.

하페즈의 묘지를 둘러보고 난 후, 하산은 근사한 저녁을 대접하고 싶다며 술을 좋아하는지 물었다. 이란은 금주 국가라도 집에서 술을 마시는 경우가 매우 흔했다. 술을 좋아하지만 집까지 가서 부담을 주고 싶지는 않다고 대답했다. 하산은 걱정 말라더니 가방 안에 원조 '쉬라즈 포도주'가 있다고 했다. 슬쩍 가방 안을 보니 검은 봉지로 싼 병이 있었다. 나는 깜짝 놀라는 표정을 지었고, 그는 별일 아니라는 듯 여유가 넘쳤다. 우리는 쉬라즈 교외에 있는 유원지로 가서 레스토랑 평상에 자리를 잡고 앉았다.

쉬라즈는 사실 포도주의 원조나 다름없는 도시였다. 9세기만 해도 쉬라즈는 세상에서 가장 좋은 와인을 생산하는 곳으로 중동 너머 이름을 날렸다. 17세기까지 유럽 상인들이 쉬라즈 와인을 사 갔다는 기록이 남아 있고, 이후에도 영국과 프랑스의 포도주 애호가들이 쉬라즈 와인의 비법을 확인하려고 도시를 방문했다. 1979년 이슬람 혁명이 발생하기 전만 해도 쉬라즈에 있는 포도주 양조장은 300개에 달했다.

하지만 혁명을 계기로 이란 내에서 와인 생산은 전면 금지되었다. 반면, 13세기에 프랑스로 건너간 쉬라즈 포도 품종은 오스트레일리아와 남아프리카공화국까지 넘어가 대량 재배되면서, 지금은 이들 나라가 쉬라즈 와인으로 더욱 유명해졌다. 이란 쉬라즈에는 정작 쉬라즈 와인이 없는 셈이니, 역사의 아이러니다.

음식이 나오자 하산은 준비해 온 포도주를 종업원의 눈을 피해 물컵에 몰래 따르고 병을 다시 가방에 넣었다. 가정집에서 담근 와인이라 맛이 꽤 씁쓸했다. 마치 이란의 모순적인 현실이 담겨 있는 것 같았다. 그래도 원조라는 생각에 틈틈이 쉬라즈 와인을 목에 털어 넘겼다. 검은 봉지에 쌓인 병이 분주하게 가방 안팎을 오가며 밤이 깊어 갔다.

우리는 한국과 이란에 대해 이야기했다. 하산이 캐나다에 있을 때 자식들에게 개인과외를 시키기로 유명한 두 집단이 있었는데, 그게 바로 한국과 이란 이민자들이었다고 했다. 이란도 우리나라 못지않게 교육열이 매우 높았다. 이란에 살면 살수록 한국과 이란의 비슷한 점을 많이 느낀다고 하산에게 말했다. 하산은 한국인이라는 사실에 자긍심을 가져도 될 것 같다고 나를 치켜세웠고, 나는 괜히 가슴이 울컥해 이란도 잠재력이 충분하다고 거들었다.

학생 때는 우리보다 힘이 세고 잘사는 나라를 보면 한국인이라는 사실에 나도 모르게 위축되는 느낌이 있었다. 우리는 충분히 잘하고 있는데도 더 높이, 더 멀리, 더 빨리 달려야 한다며 주먹을 꽉 쥐고 돌아오곤 했다. 한국인이라면 누구나 고민해 봤을 법한 한국인 콤플렉스였다.

대학교를 졸업할 무렵, '국수주의자가 되기에 나는 내 나라를 너무 사랑한다'는 알베르 카뮈의 말에 꽂혀 있었다. 세계인의 시각으로 나의 모국을 바라볼 수 있도록 비판적 애국심을 갖추고 살아가야겠다고 생각했다. 한국을 베이스캠프로 삼아 국외근무를 할 수 있는 직업을 찾아 헤맸으며, 자기소개서에도 당당히 카뮈의 말을 적어 넣었다. 돌이켜 보면 치기 어린 행동이었다.

낯선 땅에서 아등바등하면서 살수록 우리나라가 더욱 그리웠다. 조국에 대한 객관적 시각보다는 내 나라에 대한 운명적 갈망이 사고 체계를 지배했다. 이란에서 바라본 우리나라는 유별나면서도 독특하고 사랑스러웠다. 세상은 넓고, 우리가 여태껏 겪어 보지 못한 삶의 형태는 넘치도록 많다. 어쩌면 나는 너무도 다른 세계를 살면서 그동안 갖고 있던 한국인 콤플렉스에서 조금씩 벗어나고 있는지도 모를 일이었다.

07
도하 참사와
카타르 단교

속으로 기도했다. 한국과 일본이 결승전에서 만나게 해 달라고. 2016년 1월, 카타르에서는 23세 이하 아시아 축구 선수권 대회가 열리고 있었다. 신태용 감독이 이끄는 우리 대표팀 선수들도 3주 가까이 카타르에 머무르며 경기를 치르고 있었다. 한국에 있었다면 큰 관심이 없었을지도 모른다. 하지만 카타르는 페르시아만을 끼고 이란과 마주한 나라 아닌가. 테헤란에서 카타르 도하까지는 비행기로 두 시간이면 충분하다.

간절한 마음이 통했을까? 우리나라가 마침내 결승전에 진출했다. 상대는 일본, 바라던 대로 한국과 일본이 카타르에서 우승컵을 놓고 다투게 된 것이다. 일본은 8강전에서 이란을 3:0으로 가볍게 누르고, 준결승전에서 이라크마저 제압하며 결승에 올라왔다. 대회에는 2016년 리우 올림픽 축구 출전권이 걸려 있었다. 대회 3위까지 올림픽에 나갈 수 있으니 결승전을 치르기 전에 본선 진출을 확정한 셈이다.

하지만 상대가 누군가. 일본한테는 가위바위보도 져서는 안 된다고 들으며 자라지 않았던가. 한일전이 확정되자마자 나는 비행기 표를 검색하고 있었다. 결승전은 다행히 토요일 저녁, 우리 사무실은 휴무일이었다. 일요일에 휴가를 낼 수 있었지만, 왠지 그러고 싶지 않았다. 토요일 오전에 도하로 가서 다음날 새벽에 테헤란으로 오는 당일치기로 표를 끊었다.

나의 카타르행은 그 누구에게도 말하지 않았다. 아무도 알아주지 않는 비장함을 유지하는 덴 나름의 이유가 있었다. 6개월 전 여름, 테헤란에서 아시아 남자배구 선수권 대회가 열렸다. 우리나라 남자배구는 아시아의 맹주 자리를 내준 지 오래였다. 이란은 탈아시아를 추구하며 아시아 최강을 굳혔고, 일본도 우리나라보다 한 수 위였다. 어느새 중국마저 우리를 위협했고, 카타르 역시 귀화한 외국인 선수에 힘입어 단숨에 실력을 끌어올린 다크호스였다.

우리 선수들은 이란 원정을 와서 햇반과 라면으로 버티며 고군분투하고 있었다. 축구를 제외한 다른 종목은 사정이 여의치 않았다. 이름이 알려진 선수들도 손수 빨래와 요리를 하며 대회 기간을 버텨 내야 했다. 선수들에게 조금이라도 힘을 주려면 큰 소리로 응원하는 수밖에 없었다.

한국과 이란의 예선전에서 이란은 체력 안배를 위해 2군을 내보냈다. 그럼에도 이란은 여유 있게 1세트를 먼저 가져갔다. 우리 선수들은 홈팬들의 일방적인 응원에 시달리며 잔뜩 주눅이 들어 있었다. 한국 응원단이 분발하기 시작했다. 조촐한 숫자였지만 북과 꽹과리로 선수들에게 힘을 북돋웠다. 절대다수인 이란 관중의 비난에도 개의치 않았다. 응원의 힘이었을까. 우리 선수들은 내리 3세트를 따내며 3:1 역전승의 이변을 일궈 냈다. 무려 7년 만에 이란을 상대로 거둔 값진 승리였다.

기쁨은 오래가지 않았다. 예서 1위로 8강에 진출한 우리의 상대는 일본으로 정해졌다. 둘 다 원정 경기였지만, 일본 응원단의 숫자는 우리보다 많았다. 다섯 명이 채 되지 않는 우리와 달리 일본에서는 30여 명이 모여서 미리 자리를 잡고 있었다. 응원은 예상대로 얌전했다. 박자에 맞춰서 박수를 치다가 마지막에 '니폰!'으로 다 같이 구호를 외쳤다.

수적 열세였던 한국 응원단은 전략적 접근이 필요했다. 북과 꽹과리뿐 아니라 노래와 야유까지, 법의 테두리 안에서 가능한 모든 방법을 동원했다. 세트스코어 0:2로 뒤지던 대표팀은 '정신 차리라'는 응원단의 구호를 들었는지 풀세트까지 경기를 끌고 갔다. 마지막 5세트, 13:13으로 팽팽히 맞선 상태에서 한국은 무기력하게 2점을 내리 내주며 무릎을 꿇었다. 경기가 끝나고 일본 관중들은 '야마모토 상, 가와구치 상, 아리가또!'를 외쳤다. 우리 응원단은 태극기와 악기를 주섬주섬 챙기며 일어났다. 마음이 쓰렸지만 패자는 말이 없는 법이다. 생애 첫 한일전 직관은 이렇게 상처로 남았다.

설욕의 날이 밝았다. 장소는 카타르 도하였다. 도하가 어디던가. 94년 미국 월드컵 출전의 기적을 안겨 준 행운의 장소 아니던가. 아침 일찍부터 절로 눈이 뜨인 나는 옷부터 주섬주섬 챙겨 입었다. 한국 국가대표팀 티셔츠가 없어서 테헤란 아자디 경기장에서 데안에게 직접 받은 FC서울 유니폼을 입기로 했다. 대형 태극기를 가방 안에 넣고, '대한민국'이 적힌 붉은 악마 머플러를 목에 둘렀다.

여러 번 탄 카타르항공이었지만 감회가 새로웠다. 이번에는 경유지가 아니라 최종 목적지였고, 한일전 승리와 대회 우승이라는 확실한 목표가 있었다.

하마드 국제공항에 내린 나는 엄숙하지만 평온했다. 그깟 축구가 뭐라고 돈 들여서 바다 밖까지 왔을까 생각했다. 나는 축구가 좋기도 했지만, 무엇보다 스포츠를 통해 내 정체성을 확실히 다지고 싶었다. 세계시민을 꿈꾼다고 해도 나의 뿌리는 대한민국에 있었다. 나는 매 순간 찾고 있었다. 내가 누구인지, 그리고 내게 이 세계는 무엇을 의미하는지 말이다. 정답이 없다고 해도 나만의 해석은 마련하고 싶었다.

경기 시작까지는 시간이 꽤 있었다. 하마드 국제공항에서 시내에 있는 수크 와키프Souq Wakif 전통시장까지 걷기 시작했다. 새로운 도시를 맞이하는 나만의 신고식이다.

주변을 둘러보니 곳곳이 건설 현장이었다. 2022년 월드컵 준비가 벌써부터 한창이었다. 국제축구연맹은 월드컵 사상 최초로 11월에서 12월 사이에 대회를 열겠다고 발표했다. 무더운 날씨 탓이라지만, 유례없이 주최국 편의를 봐주면서 카타르의 머니 파워가 집행부를 움직인 것이라는 소문이 흘러나왔다. 그도 그럴 것이, 카타르는 국민소득이 높기로 유명한 나라 아닌가(2018년 3월 기준 9만2천 불로 세계 5위). 신성한 스포츠마저 자본이 지배하는 현실에 쓸쓸해하며 발걸음을 옮겼다. 어느새 수크 와키프였다. 경기 시작이 얼마 남지 않아 얼른 택시를 탔다.

경기장은 레크위야Lekwiya(2017년 엘자이시와 통합해 알두하일 SC로 이름 변경)의 홈 스타디움인 압둘라 빈 칼리파Abdullah bin Khalifa 경기장이었다. 레크위야는 '카타르 메시'로 불리는 우리나라의 남태희 선수가 뛰고 있어서 낯설지 않았다. 운동장에 들어가니 이미 한국과 일본의 대규모 응원단이 자리를 잡고 있었다. 카타르의 우리나라 동포 수는 이란과 비교할 수 없을 만큼 많아 보였다. 준비해 간 커다란 태극기를 펼쳐 들 때 옆자리 교민들의 텃세도 이겨 내야 했다.

경기는 순조롭게 진행되었다. 전반전을 1:0으로 마친 대표팀은 후반전이 시작되자마자 추가 골을 넣어 2:0으로 앞서갔다. 우승은 손쉬울 것으로 생각됐는데, 일이 꼬이기 시작했다. 후반 20분에 만회 골을 허용하더니 순식간에 내리 세 골을 먹었다. 결국, 2:3으로 역전당한 채 경기는 끝이 났다. 한국 선수들은 망연자실한 표정으로 경기장에 주저앉았다.

함께 안타까워할 새가 없었다. 비행기를 놓치지 않으려고 얼른 경기장을 빠져나왔다. 테헤란에 도착해 복기해 보니 이번 경기는 '도하 참사'나 다름없었다. 두 번째 한일전 직관도 허망하게 막을 내렸다. 도하를 떠올리면 그 날의 참사가 생각나 한동안 카타르 뉴스를 외면했다.

도하 참사의 상처가 아물어 갈 무렵, 카타르 소식이 온통 뉴스를 도배했다. 2017년 6월, 사우디아라비아의 주도로 주변 걸프 국가들이 하나둘씩 카타르와 단교를 선언한 것이다. 걸프협력회의 국가 중에서는 아랍에미리트, 바레인이 외교 단절에 동참했다. 카타르가 다에시(IS) 같은 이슬람 극단주의 조직을 지원하며 테러리즘을 방조하고 역내 안보를 불안하게 한다는 명분을 내세웠다. 하지만 진짜 이유는 따로 있었다. 아라비아반도 왕정 국가들의 적이나 다름없는 이란과 가까운 행보를 보였기 때문에 형님 국가들의 눈 밖에 난 것이다.

카타르는 아라비아반도 국가 중 가장 독특한 색깔을 내는 나라다. 변화의 시작은 1990년대 중반부터였다. 1995년 젊은 왕세자 하마드 빈 할리파 알사니Hamad bin Khalifa Al Thani는 무혈 쿠데타를 일으켜 아버지를 몰아내고 왕이 된다. 왕위에 오른 그는 종교적인 검열 정책부터 폐지하며 보수적인 나라 분위기를 바꾸기 시작한다.

신호탄은 1996년에 개국한 방송국 알자지라Al Jazeera였다. 알자지라는 아랍어로 '반도'를 의미한다. 커다란 사우디아라비아 위에 불쑥 솟아오른 카타르의 처지와 자부심을 이름에 드러낸 셈이다. 알자지라는 다른 방송국처럼 아랍의 권위를 지키는 데만 급급하지 않고, 국제사회의 보편적 가치를 담는 언론을 지향했다. 특히 민감한 소재인 사우디 왕실의 부패와 타락도 서슴없이 다뤘다.

걸프협력회의를 이끌던 '큰 형님' 사우디는 카타르의 돌출행동이 매우 당혹스러웠다. 카타르는 천연가스 생산을 위해 이란과도 원만한 사이를 유지하고 싶어 했다. 이란과 카타르 사이에 있는 페르시아만의 천연가스 매장량이 세계 1위인 러시아를 가뿐히 넘어서기 때문이다. 이란의 사우스파르스South Pars 유전과 카타르의 노스돔North Dome 유전은 서로 맞닿아 있어서, 한쪽이 많이 추출하면 다른 나라가 그만큼 손해를 보는 구조다. 더구나 이란은 경제 제재로 기술이 많이 뒤처진 상태였다. 이때다 싶은 카타르는 가스 생산에 박차를 가하면서 이란의 심기를 건드리지 않으려 애썼다.

카타르는 걸프 왕정 국가의 정체성을 유지하면서 이란과 가까워지려고 노력했지만, 사우디가 보기에 두 마리 토끼를 동시에 잡는 것은 어불성설이었다. 결국, 사우디는 카타르 왕의 '이란에 대한 적대 정책을 인정할 수 없다'는 발언을 빌미로 외교 단절을 선언했다. 카타르에서는 가짜 뉴스라고 반발했지만 이미 엎질러진 물이었다. 사우디를 따라 카타르 단교에 동참한 나라들은 카타르로 가는 하늘길과 뱃길을 즉시 끊어 버렸다. 주변 국가와의 교역으로 생필품을 조달해 오던 카타르는 식료품 부족에 시달렸다.

이때 이란이 적극적으로 나섰다. '이란의 하늘, 땅, 바다는 언제나 열려 있다'며 자국 비행기로 카타르까지 우유와 달걀을 실어 날랐다. 사우디는 이란과 친한 카타르가 얄미워 '왕따'를 시키려 했지만, 그럴수록 카타르는 이란에 어깨를 기댔다. 모순적인 일이다.

도하 참사 이후 나는 카타르 뉴스라면 애써 눈을 감았다. 나만의 '카타르 단교'나 마찬가지였다. 하지만 카타르가 중동에서 겪는 모순을 바라보면서 사람 사는 일이나 국가 간의 관계나 알고 보면 본질이 같다는 생각을 했다. 모난 돌이 정 맞는다고 하지만, 카타르 입장에서 이란은 버릴 수 없는 카드였을 것이다. 이란 편에서 생각해 보더라도 카타르는 중동 내에서 이란의 입지 변화를 앞당기는 마중물 역할을 해내고 있었다. 어느 순간부터 카타르에서 일어나는 소식에 더욱 귀를 기울이며 슬그머니 나만의 단교를 풀었다.

경제 제재
풀리던 날

여느 때와 다름없는 날이었다. 평소처럼 일어나서 사무실을 향해 출발했다. 집에서 회사까지 2km, 도보로 30분 거리다. 가는 길에 작은 신문 가판대가 있다. 매일 아침 출근시간에 늦지 않기 위해 종종걸음으로 내달리면서도 신문의 헤드라인을 훑던 곳이다. 그날따라 가판대 앞에 사람들이 꽤 모여 있었다. 기사를 뚫어지게 쳐다보던 사람들의 눈빛은 기대감으로 가득 차 보였다. 2016년 1월 16일, 그동안 이란의 숨통을 옥죄어 온 경제 제재가 마침내 풀렸다.

경제 제재는 듣기에 거창해도, 쉽게 말하면 '왕따'나 다름없다. 학교에서 가장 힘센 친구를 A라고 하자. 누가 봐도 A는 전교에서 싸움을 가장 잘한다. 그런데 어느 날 B라는 친구가 전학을 온다. B는 아무리 봐도 별종이다. A의 말에 사사건건 반기를 들뿐더러 그동안 돌아가면서

해 오던 빵 셔틀도 거부한다. A는 B가 골칫거리다. 한 판 붙어서 힘으로 제압해 버리면 속이 시원할 텐데 B가 어떤 필살기를 갖고 있는지 아직 모른다. B는 주변 친구들에게 A의 급소를 공략할 수 있는 기술을 연마하고 있다고 슬쩍 흘린다. A는 이 소문을 듣고 나서 B를 더욱 경계한다. 다급해진 A는 마침내 전교생에게 선언한다.

"지금부터 B와 놀지 마. 놀다가 걸리면 너부터 가만 안 둘 거야!"

다양한 변주가 가능하겠지만 현 중동정세에 대입하면 A는 미국이고 B는 이란이다.

2002년 8월, 이란 반체제 운동단체인 국민저항위원회는 미국 워싱턴에서 기자 회견을 열어 이란 정부의 핵 개발 프로그램 운영 사실을 폭로한다. 이 소식이 퍼져 나가자 세계는 일순간 긴장한다. 특히 경찰국가를 자처하던 미국은 이란을 이미 악의 축으로 지정하며 칼을 갈고 있었다. 미국은 굳이 무력을 쓸 필요 없이 미국 내 이란 계좌부터 동결했다. 이란 정부나 기업의 돈으로 확인되면 맘대로 빼 가지 못하도록 막은 것이다. 물론 간접적인 방법도 동원한다. 제3국이라도 이란과 거래를 한 사실이 발각되면 미국 내 계좌를 막아 버리거나 천문학적인 벌금을 물리는 식으로 말이다.

미국 주도로 국제사회의 제재가 점점 강화되어도 이란은 눈 하나 꿈쩍하지 않았다. 2005년 8월에 임기를 시작한 제9대 대통령 아흐마디네자드 역시 '강한 이란'을 내세웠다. 그의 첫 대미(對美) 외교 상대는 부시 대통령이었다. 강 대 강으로 맞선 두 나라 정상 사이에 대화는 없었다. 미국은 독자적인 제재 법안까지 마련하며 봉쇄 수위를 높였지만,

아흐마디네자드는 꿋꿋하게 버텨 냈다.

2009년이 시작되면서 양국 사정은 다소 변화를 맞이한다. 미국 새 대통령으로 버락 오바마가 부임한 것이다. 그해 6월, 이란에서도 대선이 열렸다. 부정선거 논란을 딛고 아흐마디네자드는 두 번째 임기를 시작했다. '강한 이란'을 맞이한 오바마는 오히려 더욱 채찍을 가했다. 당근책이 전혀 없었다고 할 수 없지만, 부시 행정부보다 더 가혹한 금수 조치를 시행하며 이란이 협상 테이블로 나오도록 압박했다. 오바마의 강경책은 어느 정도 효과를 보았다. 아흐마디네자드 행정부 하에서 이란 경제는 날로 악화되었고 민심은 흉흉해졌다. 하루가 멀다 하고 리알화는 약세로 돌아섰다. 정부가 나서서 통화 가치를 반으로 낮추는 조치까지 할 정도였다.

그렇게 4년이 흘렀고 2013년 5월, 다시 이란 대선이 다가왔다. 이란 유권자들은 이미 지칠 대로 지친 상태였다. 이슬람 공화국 체제도 좋고, 강한 이란도 좋으니 일단 먹고사는 문제부터 해결해 달라는 요구가 광장을 지배했다. 누가 봐도 화두는 경제 회생이었다. 중도파이자 실용주의인 하산 로하니 후보는 이 틈을 공략했고, 선거 막판에 바람을 타고 깜짝 승리를 거머쥐었다.

그사이 미국에서는 오바마가 재선에 성공했다. 재선에 여유롭던 오바마는 두 번째 임기 내 중동 외교 최대 과제로 내심 이란을 상정하고 있었을 것이다. 오바마에게 로하니는 대화가 통하는 상대로 보였다. 로하니가 임기를 시작하자마자 양국은 핵 협상을 재개한다. 엄밀히 말하면, 유엔 안전보장이사회 상임이사국(미, 러, 중, 영, 프) 5개국에 독일까지 포함된, 흔히 'P5+1'으로 불리는 나라들과의 협상이지만, 이란의 상대는 사실상 미국이었다. 미국 존 케리 국무장관과 이란 자리프 외무장관이 협상 실무대표를 맡았고, 독일은 유럽연합과 함께 양국을 조율하기로 했다.

협상단은 생각보다 쉽게 첫 단추를 끼웠다. 2013년 11월 24일, 양쪽 주체는 이란의 동결 자산을 일부 풀고 향후 6개월 안에 최종 타결에 이른다는 큰 틀에 합의했다. 시작은 좋아 보였지만, 이후 수시로 재개된 실무 협상에서 양쪽은 이견을 나타냈다.

이란은 핵 협상 타결과 동시에 경제 제재를 풀어 달라고 강하게 요구했고, 미국을 비롯한 6개국은 이란 핵 개발 프로그램이 완전히 중단되었다는 확신이 있어야 가능하다고 맞섰다. 양측이 합의한 6개월은 애초부터 너무 짧은 셈이었다. 2014년이 다 지나도록 타결 소식은 들려오지 않았다. 그나마 다행스러운 건 협상이 완전히 결렬되지도 않았다는 점이다. 해를 넘기며 지루한 줄다리기는 계속되었다.

2015년 7월 초, 양쪽은 오스트리아 빈에서 마라톤 협상에 돌입했다. 결과는 '모 아니면 도'였다. 타결 아니면 결렬이라는 양측의 단호한 입장을 반영하듯 협상장 주변에는 비장한 기운이 감돌았다. 마침내 7월 14일, 케리 국무장관과 자리프 외무장관이 기자들 앞에 섰다. 두 사람의 표정은 무척 밝았다. 6개월 안에 최종 타결에 도달하려던 양국은 1년 반을 넘겨서 합의문에 서명할 수 있었다. 문서의 이름은 **포괄적 공동행동계획**Joint Comprehensive Plan of Action이었다. 관심을 끌었던 경제 제재를 푸는 시기는 국제원자력기구의 사찰 보고서가 나온 다음으로 못 박았다.

국제원자력기구는 그해 연말에 이란을 방문해 주요 시설을 점검하고 보고서를 제출했다. '이상 없다'는 내용이었다. 이로써 과연 언제 이란 제재가 풀릴 것인지 세계가 주목하고 있었다. 이란은 핵 협상이 합의에 도달했고 국제원자력기구의 사찰도 끝난 만큼 즉시 빗장을 풀어야 한다고 목소리를 높였다.

2016년 1월 중순, 케리와 자리프 장관이 오스트리아 빈에서 다시 만났다. 이 자리에는 유럽연합 외교·안보 정책 고위대표인 페데리카 모게리니Federica Mogherini도 함께했다. 제재 해제가 임박했다는 뜻이었다. CNN, BBC, 알자지라 등 주요 뉴스채널은 이들의 발표를 중계하러 몰려들었다. 2016년 1월 16일, 마침내 이란 경제 제재가 풀렸고, 핵 협상문은 시행에 들어갔다.

제재가 풀리기 며칠 전, 나는 아일랜드에 있었다. 이란이 개방되면 나도 무척 바빠질 게 불 보듯 뻔했다. 커다란 파도를 기다리는 서핑 선수의 심정으로 더블린행 비행기에 올랐다. 아일랜드는 변방의 작은 나라지만, 내게는 마음의 고향과도 같은 곳이었다.

영국 유학 시절, 스페인 산티아고 순례길에서 아일랜드에서 온 래리와 그의 아들 브라이언을 만났다. 우리는 종착지인 산티아고 데 콤포스텔라Santiago de Compostela로 가는 마지막 200km 가까이를 함께 걸으며 친구가 되었다. 공부를 마치고 한국으로 돌아오기 전, 그들은 나를 더블린으로 초대했다.

며칠간 그들의 집에 머무르며 내가 공부하고 있던 영국을 아일랜드의 관점에서 다시 바라볼 수 있었다. 오랜 기간 식민 지배를 받으며 고유 언어까지 잃어버린 아일랜드가 영국을 달갑게 여길 리 없었다. 영국이 일본이라면, 아일랜드는 우리나라나 마찬가지였다. 별 비판 없이 지배자인 영국의 시각으로 피지배자인 아일랜드를 인식하던 내게는 큰 충격이었다. 엄밀히 보면 나의 역사적 정체성은 영국보다는 아일랜드에 가까웠다. 그때부터 부쩍 아일랜드에 동질감을 느꼈다.

그 후로 10여 년이 흘러, 더블린 시내에서 브라이언을 다시 만났다. 만나자마자 우리는 격하게 포옹했다. 기네스 맥주를 들이켜면서 브라이언의 근황부터 물었다. 그는 한국에 가서 1년 동안 영어강사 생활을 했다고 털어났다. 산티아고 길에서 만났을 당시의 그는 일본에 관심이 많았다. 기회가 되면 일본에서 살아 보고 싶다고도 했다. 내가 무심코 영국의 시각으로 아일랜드를 바라본 것처럼, 그 역시 한국에 대해 별로 아는 게 없었다.

의아한 표정으로 어떻게 된 거냐고 물으니, 나를 만난 후 한국에 대해 찾아보게 되었고, 아일랜드와 역사가 비슷해 끌리게 되었다고 말했다. 괜히 뿌듯해져서 나 역시 아일랜드에 비슷한 감정이라고 목소리를 높였다. 술이 거나하게 취한 채 호텔로 돌아왔다. 텔레비전에서는 이란 소식이 흘러나오고 있었다. 핵 협상이 곧 타결될지도 모른다는 생각에 잠이 확 달아났다.

다음 날 아침, 나는 브라이언의 아버지, 래리를 만나 커피를 마시며 이야기를 나눴다. 시간이 참 빠르다는 생각을 했다. 우리가 산티아고에서 만난 게 벌써 10년 전이라니. 그사이 나는 직장인이 되었고 결혼을 했으며 아이가 생겼다. 이란 생활을 하며 겪은 혼란에 대해서도 담담히 말했다. 그러자 래리는 반색했다.

2000년대 초반, 테헤란에서 열린 이란-아일랜드 국가대표 축구 경기에 친구들이 응원을 갔는데, 그들 역시 마찬가지였다고 말했다. 이란이 이슬람 공화국이라 경직된 사회 분위기를 예상했는데, 뜻밖에 개방적이고 세속화되어서 깜짝 놀랐다나. 우리는 이란을 소재로 대화를 이어갔다. 자리가 끝나갈 무렵, 내가 더블린에서 여러 차례 환대를 받았듯 그들 부자를 꼭 테헤란으로 초대하고 싶다고 말했다. 래리는 말이나마 고맙다는 듯 미소를 지었다.

아일랜드 여행을 마치고 이란으로 돌아왔다. 며칠 지나지 않아 기다렸다는 듯 경제 제재가 풀렸고, 그때부터 반년 동안 정신없이 일만 했다. 이란 시장이 열리자 세계는 잠자고 있던 사자를 주목했다. 각국 정상들은 로하니 대통령을 만나려 줄을 섰다. 한껏 위상이 높아진 이란은 상대를 골라서 만나야 하는 입장이 되었다. 제재 풀린 이란은 전쟁터나 다름없었다.

우리나라도 경쟁에서 뒤처질 수 없었다. 나는 이란 현장이 어떻게 돌아가는지 실시간으로 한국에 전달했다. 한국 언론도 '선점'이라는 명목으로 정부 차원의 분발을 촉구했다. 결국, 1962년 수교 이후 처음으로 우리나라 대통령이 이란을 방문할 만큼 열기는 뜨거웠다. 어깨가 무거웠고 몸은 늘 녹초가 되었지만 그럴수록 '오늘만 버티자'고 다짐했다.

어느덧 6개월이 흐르고, 이란 특수도 조금씩 잠잠해지기 시작했다. 라마단을 맞아 비즈니스가 소강상태로 접어들자, 나는 과감히 배낭을 꾸렸다. 지친 심신을 달래러 간 곳은 다시 아일랜드였다.

이번 목적지는 아일랜드 동부에 있는 **위클로우 웨이**Wicklow Way였다.

200km 거리의 길을 걸으며 꿈처럼 느껴지는 지난 반년을 회상했다. 이제 꿈에서 깨어나 하루하루를 뚜벅뚜벅 걸어가야 했다. 고삐 풀린 이란은 더 이상 부정할 수 없는 현실이었으니까.

09
강대국의 속내를
엿보다

한국으로 출장을 갈 때면 가족과 친구들에게 줄 선물로 뭘 할지 고심했다. 이란 공산품은 질이 떨어져서 마땅히 살 만한 게 없었다. 궁리 끝에 생각해 낸 답은 견과류였다. 이란은 페르시아어로 '페스테Pesteh'라 불리는 피스타치오가 좋기로 유명하다. 피스타치오라는 이름도 페스테에서 유래되었다고 하니 역사가 깊다. 뒤늦게 알게 된 사실은, 이란이 미국과 함께 세계 최대 피스타치오 생산 국가이며, 한국에서 맥주 안주로 사 먹던 '머거본' 피스타치오의 원산지도 한때는 이란이었다.

한국 출장을 앞둔 주말이었다. 견과류를 사러 타지리쉬 바자르에 들렀다. 견과류를 쌓아 놓고 무게를 달아서 팔았는데, 품질에 따라 가격 차이가 났다. 종류는 매우 다양했다. 피스타치오 1kg을 주문하고 더 살게 없는지 둘러보다가 옆에 있는 아몬드를 시식했다. 맛이 고소했다.

점원에게 아몬드는 어디서 온 거냐고 물었다. 이란 어느 도시에서 재배했는지 궁금하여 물었는데, 그의 대답은 '우사'였다. 내가 알기로 '우사'라는 지방은 이란에 없었다. 여전히 모르겠다는 표정을 짓자 그가 한마디 덧붙였다. "아메리카!" 그렇다. 우사는 'USA'였다.

점원은 아몬드는 미국산이 더 맛이 좋다고 부추겼다. 미국산 아몬드는 한국에서도 쉽게 구할 수 있는 것이라 사고 싶은 마음이 들지 않았다. 몇 번을 집어 먹으며 입맛을 다시다가 결국 내려놨다. 견과류 강국인 이란에도 미국산 아몬드가 들어와 경쟁하고 있다니 이상했다.

알고 보면 이란 사람들은 미국에 대해 별 거부감이 없다. 미국 제품은 오히려 좋아한다. 정치적 이유로 미국산이 자유롭게 들어올 수는 없지만, 유럽산과 경쟁할 만큼 인지도가 높다. 미국도 이 사실을 잘 알고 있다. 오바마는 이란과 핵 협상을 진행하면서 양가감정을 느꼈을 것이다. 미국 입장에서도 이란은 몇 남지 않은 아주 매력적인 시장이다. 이스라엘이나 사우디 같은 전통적 우방의 눈치를 보지 않을 수만 있다면, 당장에라도 자국 제품을 풀어 놓고 싶을 게 분명하다.

1979년 이슬람 혁명 이후, 미국 제품이 빠져나간 자리는 유럽산이 자연스레 메웠다. 이란은 이웃 나라 터키처럼 대놓고 유럽연합 가입을 추진할 입장은 아니었지만, 실생활에서 철저히 유럽을 지향하고 있다. '아리아인의 나라'라는 국호에서도 드러나듯이 문화적으로는 프랑스, 경제적으로는 독일을 닮고 싶어 했다. 거리를 걸으면 영어 말고도 프랑스어, 독일어 등 유럽 언어를 가르치는 사설 학원 광고지를 심심찮게 볼 수 있고, 이란호드로에서 만들어내는 자동차는 푸조 마크를 달고

출시된다. 처음 본 사람은 '이란에는 프랑스 차가 왜 이리 많냐'고 놀랄 정도다. 부유층이 모여 사는 테헤란 북부의 건물도 대부분 유럽식 디자인이다.

미국은 자신들이 독자적으로 이란에 경제 제재를 추진하는 와중에 유럽 국가가 이익을 내는 현실이 못마땅했을 것이다. 급기야 미국은 유럽연합이 이란 경제봉쇄에 동참하도록 압박했고, 유럽 기업들은 하나둘씩 이란에서 철수해야만 했다. 미국과 유럽연합이 동시에 압박을 가하면서 이란 금수 조치 효과는 단숨에 몇 배가 되었다.

이런 상황에서 한국산은 유럽산을 대신할 수 있는 훌륭한 대체재가 되었다. 중국산은 가격이 싼 만큼 품질이 조악했고, 일본산은 제품이 좋아도 너무 비쌌다. 합리적인 가격에 높은 품질까지 갖춘 한국산이 이란 수요에 딱 맞았다. 우리나라 역시 미국의 압박으로 큰 틀의 경제 제재에는 동참했지만, 유럽에 비하면 활동 공간이 남아 있었다. 미국과 유럽연합이 제재에 집중하는 사이 한국은 틈새시장을 비집고 들어갔고, 전략은 성공적이었다. 테헤란 거리에서 현대, 기아, 쌍용자동차 브랜드가 쉽게 눈에 띄고, 삼성과 LG전자가 이란 가전제품 시장을 독식하다시피 한 이유다.

2013년 로하니 대통령 취임 후 핵 협상이 재개되면서 유럽은 이란 시장의 활로를 뚫겠다는 의지로 충만했다. 특히 프랑스가 의욕이 넘쳤다. 물밑에서 이란을 접촉하면서 시장개방 이후 어떻게 협력할 것인지 의견을 나눌 정도였다. 푸조가 잠시 철수한 틈을 타 한·중·일 3국이 치고 나가는 모습에 다급함을 느꼈을 것이다.

핵 협상 양쪽 주체가 6개월 안에 최종 타결을 도출하겠다고 하자마자 프랑스는 대규모 경제사절단을 보내 이란의 환심을 사려고 했다. 미국이 곧바로 펄쩍 뛰었다. 존 케리 국무장관은 프랑스 외무장관에 전화를 걸어 말했다.

"아직 시장이 열린 게 아니니 성급한 행동은 삼가 달라."

정중한 요청으로 보이지만 사실상 경고나 다름없었다. 오바마도 당시 미국을 방문한 올랑드 프랑스 대통령에게 이란 진출은 시기상조라고 아예 못을 박았다. 프랑스는 페이스를 늦출 수밖에 없었다.

하지만 미국도 내심 이란을 시장 논리로 접근하고 있었다. 2016년 1월 경제 제재가 풀리고 이란 정부가 프랑스 에어버스와 항공기 구매 합의를 발표하자, 미국도 가만히 두고 보지 않았다. 미국인과 미국 회사는 이란과의 교역과 금융 거래에 여전히 제한을 받는 가운데, 미국 보잉사에만 예외적으로 비행기 판매 허가를 내주었다. 프랑스 에어버스가 이란 시장을 독점하지 못하도록 막은 것이다.

독일은 입장이 미묘했다. 유엔 안전보장이사회 상임이사국은 아니지만, 유럽연합을 대표하는 국가로서 협상이 어그러지지 않도록 양측을 다독이는 데 공을 들였다. 경제 호황을 누리고 있던 독일은 이를 계기로 세계 평화에 기여하는 조정자가 되고 싶은 듯 보였다.

한편 러시아는 이란과 정치적으로 부쩍 가까워진 상태였다. 시리아 내전*에서 이란과 함께 시리아 정부군을 지원하며 보조를 맞추고 있었기 때문이다. 그러나 러시아의 속내는 누구보다도 복잡했다. 이란 경제 제재가 풀리면, 러시아와 천연가스 매장량 1위를 다투는 이란이 시장에 복귀하는 건 예정된 수순이었다. 더군다나 유럽은 러시아가 크림반도를 강제 합병한 것에 강하게 반발하며, 러시아산 천연가스를 사지 않겠다고 으름장을 놓기도 했다. 유럽의 가장 확실한 대안은 당연히 이란이 될 수밖에 없었다. 러시아는 겉으로 핵 협상을 전폭 지지하면서도, 천연가스 매출이 큰 타격을 입을까 전전긍긍하는 모양새였다.

핵 협상의 또 다른 당사자 중국은 이란 경제 제재의 최대 수혜자였다. 중국은 미국이나 유럽연합 제재를 따르지 않았기에 이란과 자유롭게 교역했다. 프랑스산 자동차 부품을 대체한 것도 저가의 중국산이었다. 같은 모델이라도 중국산 부품이 들어간 차는 품질이 현격히 떨어졌다. '자동차 구매가 이제 뽑기가 되었다'는 자조가 흘러나올 정도였다. 그러나 물량으로 승부를 보는 중국답게 조금도 굴하지 않고 일반 소비재부터 산업 기계까지 이란 시장을 야금야금 잠식해 나갔다.

국가 재정이 풍부한 중국은 이란에 대규모 투자도 약속했다. 대형 사회간접자본 사업에 돈을 싸 들고 올 수 있다며 자신만만한 모습을 보였다. 원유 수출이 막히고 나랏돈이 부족해진 이란은 한층 더 중국에 의존할 수밖에 없었다. 강경책 남발로 서구권과의 관계를 경색시킨 아흐마디네자드 대통령은 '동쪽으로 눈을 돌리면 중국과 같은 아시아 국가가 있다'며 국민들을 안심시키기도 했다.

중국은 이란 사람들의 유럽 지향적 소비 습관을 잘 알고 있었다. 시

* 시리아 내전을 분석하는 다양한 시각이 있지만, 기본적으로는 수니파·원리주의와 시아파·세속주의 사이의 싸움이다. 그러다 보니 미국의 지원을 등에 업은 사우디, 카타르, 터키 같은 수니파 국가 연합과 러시아의 도움을 받는 시아파 맹주 이란이 대리전을 치르는 양상으로 변모했다.

장이 개방되면 품질이나 인지도나 어느 면으로 봐도 중국 제품은 경쟁이 되지 않을 터였다. 중국은 이란을 지원하는 동시에, 계속해서 경제 제재가 유지되기를 바랐을지도 모르겠다.

영국은 해가 지고 있는 나라답게 역할이 미미했다. 뚜렷한 색깔을 드러내기보다는 미국의 행보에 보조를 맞추려는 듯 보였다. 유럽연합이 제재를 시행할 때, 주이란 영국 대사관을 즉각 폐쇄한 것이 그나마 가장 큰 일이었다. 격세지감이라는 생각이 들었다. 20세기 초반만 하더라도 이란에 가장 큰 영향력을 행사하던 나라는 미국이 아니라 영국이었다. 당시 이란의 원유 채굴권과 담배 전매권이 영국 수중에 넘어가 있을 만큼 영국의 힘은 막강했다. 하지만 '모든 영광은 과거'라고 했던가. 영국 제조업이 쇠락한 현실을 반영하듯 영국 제품은 이란에서도 별 호응이 없었고, 그만큼 브랜드 가치도 떨어졌다.

동상이몽이었다. 핵 협상 당사국은 한배를 타고 있었지만, 그 속내를 들여다보면 꿍꿍이셈이 모두 달랐다. 중동 역내 안보와 세계 평화를 외치면서도 각자가 생각하는 그림에는 큰 차이가 있었다. 결국 '어떻게 자국의 이익을 극대화할 것인가'가 무엇보다 우선인, 국제 사회의 축소판이었다.

10

기로에 선
'이란의 봄'

2016년 11월, 세계는 당황했다. 미국 제45대 대통령 선거에서 도널드 트럼프가 당선된 것이다. 설마 하던 일이 현실이 되었다. 이란의 입장도 마찬가지였다. 십 년 묵은 체증과도 같던 금수 조치가 풀리면서 이란은 악의 축 신세를 벗어나려 애쓰고 있었다. 경제가 살아날 것이라는 기대감 때문에 시장에는 특유의 활기마저 돌았다. 거리에서 만난 테헤란 시민들의 표정에서 길고 길었던 추운 겨울이 지나고 마침내 봄이 오고 있다는 믿음이 엿보였다.

그러나 빗장이 풀린 지 1년도 채 지나지 않아 트럼프가 미국 대통령이 되면서 이란은 다시 기로에 섰다. 트럼프는 후보 시절부터 여러 차례 이란 핵 협상은 '미국 역사상 최악의 합의'라고 말했다. 그는 전임 오바마 대통령의 색깔을 완전히 지우고 싶어 했다. 오바마 행정부의 중동 외교 중 최대 성과인 이란 핵 협상을 어떻게 인식하고 있는지, 틈날 때마다 드러냈다.

취임하자마자 이스라엘과 사우디부터 대놓고 달래는 동시에 이란은 노골적으로 배제했다. 트럼프의 선택지에 이란은 없었다. 임기 말까지 이란을 협상 상대로 거들떠보지도 않을 것임이 분명했다.

'미국 우선주의'를 내세우며 세계의 대통령이 되기를 거부한 트럼프임에도, 그의 행동은 가히 세계적이었다. 2017년 4월, 트럼프는 중국 시진핑 주석과의 만찬을 앞두고 갑작스레 시리아를 공습한다. 화학무기 사용이 의심된다는 빌미로, 시리아 공군기지를 수십 발의 미사일로 맹폭한 것이다. 하지만 시리아 정부군은 미국에 위협을 가할 수 있는 여유로운 처지가 아니었다. 이란의 지원을 받으며 오로지 정권 유지에만 사활을 걸고 있었다. 미국의 시리아 폭격은 국가 안보를 명분으로 내세웠지만, 의도는 따로 있었다. 곤두박질치는 지지율을 끌어올리기 위해, 트럼프는 나라 밖으로 눈을 돌렸다. 가장 만만한 대상은 역시 세계의 화약고 신세를 벗어나지 못하는 중동이었다.

트럼프는 자신감을 얻은 것처럼 보였다. '테러와의 전쟁'은 아직 끝나지 않았다는 듯, 시리아에 이어 아프가니스탄에도 초대형 폭탄을 터뜨렸다. 이란과 접경한 아프가니스탄은 그야말로 '중앙아시아의 베트남'이다. 아프간에서 15년이나 주둔하며 지칠 대로 지친 미국은 질서 있는 철수를 준비하고 있었다. 9·11 테러의 주동자 빈 라덴을 사살하며 체면치레도 했으니, 상처뿐인 영광을 계속할 이유도 없었다. 하지만 트럼프는 시계를 다시 되돌려 놓았다.

당장은 이런 군사적 결정이 자국민과 중동 우방국에 통쾌함을 가져다줄지 모르겠다. 하지만 역설적으로 미국만 고립시킬 뿐, 악순환의 고리는 결코 끊지 못한다. 미국이 주도한 '테러와의 전쟁'으로 오히려 무차별적인 테러가 늘었다는 사실이 이를 방증한다. 그리고 그 피해는 고스란히 민간인에게 돌아간다. 시리아 내전만 봐도 수십만 민간인이 사망하고 인구 절반이 난민이 되었다. 이제 시리아 내전 소식은 더 이상 새로울 것이 없고 지루하다는 느낌마저 드니, 정말 잔혹한 일이 아닐 수 없다.

우리가 세계를 인식하는 이중적 태도는 프랑스 테러로도 여실히 드러났다. 2015년 1월, 프랑스에서 테러가 일어나자마자 전지구적인 추모가 줄을 이었다. SNS 공간에 프랑스 삼색기를 게재하여 애도를 표현하는 일이 유행이었다. 물론 프랑스가 국제 사회에서 차지하는 위상을 고려하면 자연스러운 일일 것이다. 하지만 이전에 터키, 레바논 등 중동에서 무수히 발생한 테러에 세계인은 무심했다. 중동은 으레 위험한 곳이며 전쟁과 테러가 일상이라는 생각이 바탕에 깔려 있다. 냉정한 현실인 동시에 불편한 사실이다.

트럼프가 새로운 중동 질서를 세우는 데 박차를 가하던 무렵, 이란에서도 석연찮은 테러가 발생했다. 2017년 6월, 테헤란이 공격받은 것이다. '태풍의 눈' 같은 치안을 자랑하던 이란 사회가 커다란 충격에 빠졌다. 테러가 발생한 날부터 하산 로하니 대통령의 자택 주변은 경호가 삼엄해졌다. 소총으로 무장한 군인이 길을 막아섰으며 모든 차량은 우회할 수밖에 없었다. 이란에 사는 수년 동안 전례 없던 일이다. 그만큼 이란 정부는 테러를 매우 심각하게 받아들였다.

무엇보다 테러가 발생한 공간이 의미심장했다. 테러리스트들은 이란 의회와 이슬람 혁명의 주역인 호메이니의 영묘를 노렸다. 두 곳 모두 이란의 현재를 상징하는 곳으로, 의회는 공화국 체제를 받치고 있는 틀이고, 호메이니는 이슬람을 대변하는 내용이나 마찬가지다. 테러범들은 이란 이슬람 공화국의 형식과 내용을 한 번에 겨냥한 듯했다.

테러 직후, 이란 정부는 미국과 사우디를 즉각 비난하고 나섰다. 테러의 장본인은 다에시(IS)지만, 배후에 두 나라가 있다는 주장이었다. 바로 전 달, 사우디를 방문한 트럼프 대통령이 이란을 고립시켜야 한다고 한 발언이 그 배경이다.

해를 걸러 봄마다 이란은 중요한 시험대에 오르고 있었다. 2013년 봄에는 하산 로하니가 대통령에 깜짝 당선되었고, 2015년 봄에는 우여곡절 끝에 핵 협상이 최종 타결되었다. 2017년 봄에도 대통령 선거가 있었다. 최대 관심사는 로하니의 재선 여부였다. 이념 대립을 떠나 경제부터 살리겠다던 그의 공약이 오히려 발목을 잡고 있었다. 닫혔던 문이 열리고 그 효과가 얼마나 빨리 나타나느냐, 얼마나 골고루 퍼지느냐에 모두가 주목했지만, 현실은 별로 나아지지 않았던 탓이다.

막상 뚜껑을 열어 보니 결과는 싱거웠다. 로하니가 과반을 득표하며, 경쟁 후보를 여유 있게 따돌린 것이다. 중도·온건 성향의 로하니는 실용주의에 기반한 정책 기조를 당분간 유지할 수 있게 되었다. 선거가 끝나고 이란 유권자들은 차분하게 일상으로 돌아갔다. 그동안 무슨 일이 있었냐는 듯 수도 테헤란은 평온한 분위기였다. 로하니에게 재차 기회를 주었지만, 4년 안에 급격한 변화가 일어나지 않을 것을 경험으로 알고 있는 듯했다.

로하니는 경기 부양책을 찾으려고 골몰했다. 외국인 투자 유치에 공을 들이며, 주요국에 핵 협상 합의문을 충실히 따르라고 목소리를 높였다. 그러나 글로벌 기업 입장에서는 돈만 들고 오면 수익을 보장해 주겠다는 이란 정부의 약속이 공허하게 들렸다. 국제 사회에서 이란은 아직도 리스크가 매우 큰 나라이기 때문이다.

더군다나 대외 관계를 푸는 데 있어 미국의 역할은 절대적이다. 이란은 이제 트럼프 체제의 미국을 본격적으로 상대해야 했다. 무엇보다 핵 협상부터 무효가 되지 않을까 우려스러웠다. 이란 강경파 정치인들은 내심 미국이 먼저 합의안을 파기해 주기를 바라고 있었다. 그들의 목표는 물론 중단된 핵프로그램 재가동이다. 로하니는 트럼프와 자국 내 강경파 사이에서 핵 협상을 지켜내기 위해 고전할 것이 뻔해 보였다.

따뜻한 봄날, 이란은 여느 때보다 중요한 기로에 서 있었다(2018년 5월 8일, 트럼프는 마침내 이란 핵 협상 탈퇴를 공식 선언했다).

IV
앞으로
이란

01
흔들리는
이란 정세

2018년으로 넘어가는 세밑, 이란 전역에서 커다란 시위가 일어났다. 종교도시 마슈하드Mashhad에서 시작된 저항은 전국으로 번졌다. 처음에는 강경 정치인들이 기획한 관제설이 돌았다. 온건 성향인 로하니 대통령을 견제하기 위해 현 정부의 경기 침체를 이슈로 들고 나왔다는 해석이었다.

시위가 방방곡곡으로 퍼지면서 다양한 목소리가 흘러나왔다. 그동안 쌓였던 이란 국민의 불만이 일시에 표출되었다. 여성들은 우선 히잡 착용 의무부터 없애라고 요구했다. 2014년 한 조사에서 이란 여성의 49.2%는 히잡 착용이 '개인의 문제'라고 답변했다. 여성의 사회 활동이 활발한 이란 사회에서 히잡을 차별의 도구로 받아들이는 사람이 그만큼 많다는 의미다. 폐쇄적인 사회 분위기에 억눌려 있던 여성의 바람이 시위 흐름을 타고 밖으로 나왔다.

히잡 폐지 주장은 약과였다. 시위대가 제기한 문제는 날로 수위가 높아졌다. 성난 군중 일부가 최고 지도자 하메네이의 사진을 찢는 장면까지 카메라에 잡혔다. 이란에서는 철저히 금기인 일이었다. 시위대의 저항이 대통령을 넘어 절대 권력의 최고 지도자까지 향했다는 사실은 의미심장하다. 이란 체제가 안고 있는 구조적 불안정성이 수면 위로 드러났기 때문이다.

많은 국민이 이슬람 혁명 전, 서구식 근대화를 추구했던 파흘라비 시절에 대한 향수를 품고 있었다. 시위대는 '이제 좀 잘살고 싶다'고 소리쳤다. 어떤 이는 '잘살려면 현재 이슬람 공화국 체제로는 불가능하다'고 외쳤다. 트럼프 대통령은 시위대를 지지하는 트윗 메시지를 연일 올렸다. 내심 이란의 체제 붕괴를 바라고 있었을 것이다.

지방에서 시작된 시위가 삽시간에 전국으로 퍼지면서 당국은 당혹스러운 눈치였다. 체제를 비판하는 볼멘소리가 대놓고 나오자 이란 정부는 마침내 대규모 공권력을 가동했다. 이란 정부의 가장 큰 목표는 체제 유지였다. 체제에 균열을 내려는 움직임은 무엇이든 아주 엄격한 잣대를 적용했다. 별정 군사조직인 혁명 수비대와 바시지Basij 민병대까지 동원해 시위 진압에 나섰다. 혁명 수비대는 그 이름에서 짐작할 수 있듯이 1979년 혁명으로 수립된 현 체제를 유지하기 위해 존재한다. 어느새 기득권이 되어 버린 혁명 세력과 그들을 비판하는 시민들의 대립은 며칠 만에 일단락되었다.

많은 사람들이 2009년 시위를 떠올렸다. 당시에는 개표부정이라는 확실한 이슈로 수도 테헤란에서 수백만 명이 결집했지만, 2018년 시위는 다소 파급력이 약했다. 특히 시위대 안에서 너무나도 다양한 목소리가 나왔다. 그만큼 이란이 안고 있는 고민과 풀어나가야 할 과제가 많다는 뜻이다.

시간이 흐르며 시위는 가라앉았지만, 이란의 고질적인 문제는 여전히 남아 있었다. 실물 경제는 좀처럼 나아지지 않았고, 달러당 3만 리알 내틀 유지하던 환율은 급락해 6만 선이 무너진 지 오래며, 이마저도 위태로워 보인다(2018년 7월 말에는 비공식 외환시장에서 12만 리알에 육박하기도 했다). 일부 환전소는 외화를 사지도 팔지도 않겠다며 환율 고시를 중단했다. 정부가 발표한 2017년 실업률은 11%대였지만, 사람들은 통계를 믿지 않았다. 일자리뿐 아니라 희망마저 찾지 못하는 이란 청년들은 나라 밖으로 눈을 돌려 유학과 이민을 꿈꾸고 있었다.

02
반쪽이 된
핵 협상

로하니 행정부 1기의 가장 큰 업적이었던 핵 협상은 두 번째 임기를 시작하자마자 위협을 받았다. 2017년 10월, 트럼프는 대통령 권한으로 포괄적 공동행동계획(이하 JCPOA) 인가를 거부한다. 미국 공화당은 이란의 JCPOA 준수 여부를 대통령이 의회에 90일마다 보고하도록 핵 협상에 강제해 놓았다. 이름하여 '이란 핵 협상 검증법Iran Nuclear Agreement Review Act'인데, 트럼프가 JCPOA를 인가하지 않은 것이다.

이란은 즉시 반발했다. UN 안보리 상임이사국(미, 러, 중, 영, 프)과 독일까지 포함된 다자 합의를 미국이 독자적으로 좌지우지할 권한은 없다. 이란의 격한 반응이 이해 가는 대목이다. 더구나 국제원자력기구는 트럼프의 인가 거부 이후에도 이란이 협정을 준수하고 있다는 보고서를 채택했으며, 미국 외의 협상 당사국 역시 이란이 JCPOA를 충실히 이행하고 있다고 판단했다. 유럽 입장을 대표하는 유럽연합 외교·안보 고위대표 모게리니는 '이란이 충실히 합의문을 지키고 있으므로 재협상이 필요 없다'고 말했다. 러시아의 푸틴 대통령은 2017년 11월 로하니 대통령을 만난 자리에서 미국의 합의안 수정 방침에 반대한다고 밝혔다. 중국도 관영언론을 통해 이란 핵 협상을 지지하는 논평을 실었다. 미국을 제외한 모든 당사국들은 협상이 유지되기를 바라고 있었다.

트럼프 대통령의 공을 넘겨받은 미국 의회는 부담을 느꼈다. 결국, 아무런 조치도 하지 못한 채 시간만 흘러갔다. 90일이 지난 2018년 1월 중순, 트럼프는 JCPOA를 인가할지 말지 다시 기로에 섰다. 인가 거부 카드는 한번 썼으니 파급력이 약해 보였다. 트럼프는 공식적으로 재협상을 요구하면서 의회를 압박했다. JCPOA에 묶여서 효력이 중지된 미국의 이란 제재법 적용을 한 번 더 유예하되, 이번이 마지막이라고 못 박았다. '5월 중순까지 120일 시간을 줄 테니, 이란 핵 협상안을 수정할 방안을 찾으라'는 뜻이었다. 미국 의회는 주어진 시간 안에 이란을 비롯한 협상 당사국을 설득해야만 했다.

당장 이란이 반발하고 나섰다. 이란의 자리프 외무장관은 트럼프의 발표 즉시, 'JCPOA는 재협상 대상이 아니다'고 트윗을 올렸다. 협상에서 이란 대표단을 이끌며 실무를 총괄했던 그가 미국의 요구를 받아들일 생각이 없다고 분명히 밝힌 셈이다. 이란 국영 뉴스채널은 미국의 재협상 요구를 보도하면서 트럼프의 '성추문 입막음 스캔들'을 마지막 꼭지에 덧붙였다. 트럼프에 대한 불쾌함을 간접적으로 드러낸 것이다.

물밑접촉이야 일어나겠지만, 쉽지 않은 과정이 예상되었다. 이란이 합의를 어겼다는 증거가 부족한 상태에서 재협상에 돌입할 수는 없는 노릇이었다. 다른 당사국들은 JCPOA 내용에 문제가 없다는 말만 되풀이했다. 이란이 전향적으로 재협상을 받아들이지 않는 한, 합의안 수정은 불가능해 보였다.

트럼프는 이란을 제재하고자 하는 의지가 확고했다. 미국이 합의안에 서명한 이상 독자적으로 제재를 부과할 수는 없었다. JCPOA에서 금지하고 있기 때문이다. 따라서 트럼프가 다른 나라의 반대를 무릅쓰고 핵 협상에서 이탈하는 것은 충분히 예측 가능한 시나리오였다.

우려는 마침내 현실이 되었다. 2018년 5월 8일, 트럼프는 이란 핵 협상 탈퇴를 공식 선언했다. 협상 결과물인 JCPOA가 도출된 지 3년이 채 되지 않아 이란 핵 문제는 커다란 위기를 맞았다. 트럼프의 발표 직후, 로하니는 국영방송을 통해 성명을 발표했다. 다행히 로하니는 즉각 대응보다는 유럽을 중심으로 결속을 다지는 방법을 택했다. 영국, 프랑스, 독일은 미국의 발표 직후 공동성명을 내고 '핵 합의를 지켜나가겠다'며 로하니에게 힘을 실었다.

이란이 핵 무장을 시작하면 중동 정세가 요동치게 될 건 자명했다. 트럼프의 탈퇴 선언을 앞두고 프랑스 마크롱 대통령과 독일 메르켈 총리가 미국을 찾은 까닭도 같은 맥락이다. 특히 메르켈은 협상안이 '결코 완벽하지 않다'고 한껏 자세를 낮추며 재협상을 유도했다. 미국의 탈퇴를 막기 위한 고육책이었지만 트럼프는 꿈쩍도 하지 않았다.

워싱턴에서 트럼프의 탈퇴 선언이 있던 날, 테헤란에서는 오일·가스 전시회가 한창이었다. 자원 부국답게 이란에서 가장 큰 전시회였다. 한국도 20개 중소기업을 유치해 국가관을 구성했다. 우리 비즈니스맨들은 바이어와 상담에 열중하면서도 앞으로 이란의 교역 환경이 어떻게 바뀔지 촉각을 곤두세웠다. 달러 결제는 애초부터 안 되었지만, 원화결제시스템*으로 대체 결제를 하던 것마저 영향을 받을지 모를 일이었다.

* 2010년 10월, 우리나라는 대체 결제 수단으로 '원화결제시스템'을 구축했다. 이란산 원유를 수입하면서 내야 하는 대금을 한국은행에 예치해 놓은 다음, 이란에 물품을 수출한 기업에 그만큼 돈을 내어 주는 것이 기본 원리다. 실제 돈이 오가지는 않지만, 양국 중앙은행 관리하에 금액을 상계 처리하고 있다. 한국 기업의 수출보다 원유 수입이 많으므로 우리나라가 꽤 빚을 안고 있는 셈이다.

다시 제재가
시작되다

이란에 산다는 것은 알다가도 모를 일의 반복이었다. 정교일치 체제인 이슬람 공화국의 틀로 이란을 해석하는 방식은 가장 쉽고 단순하지만, 그만큼 오류를 범하기 십상이었다. 이슬람 혁명이 성공한 지 40년이 다 되어 가지만, 아직도 적지 않은 이란인이 혁명 이전 파흘라비 왕조 시절의 향수를 간직하고 살아가고 있었다. 강력한 이슬람 공화국 체제와 세속적인 시민의 삶 사이의 괴리를 파고들 때 이란을 조금이나마 이해할 수 있다.

이란 생활에 지칠 때면 날을 잡아 테헤란 남북을 관통하는 발리에아스르 거리를 걸었다. 북쪽 타지리쉬 광장에서 남쪽 테헤란 기차역까지는 걸어서 정확히 4시간이 걸렸다. 걷다 보면 공원에서 평화롭게 신문을 읽는 사람도 발견할 수 있고, 도매점에서 물건을 떼어 가는 상인도 만날 수 있었다. 이란을 둘러싼 정세는 하루가 다르게 변하고 있었지만, 이란의 일상은 평소와 다름없이 지속되었다.

트럼프의 핵 협상 탈퇴 발표가 있고 며칠 지나서였다. 발리에아스르 거리를 한참 걷다가 음료수를 사러 상점에 들어갔다. 물을 벌컥벌컥 들이켜려는 순간, 문득 주위를 살피며 생각했다. '혹시 라마단이 오늘부터였나?' 그리고 보니 분명 전날 낮에 문을 열었던 커피숍은 불이 꺼져 있었고, 식당들은 오후가 다 되었는데도 영업할 생각을 하지 않았다. 라마단이 시작된 것이다. 목은 바짝 탔고, 병뚜껑은 이미 열어 버렸다. 후미진 곳으로 가서 누가 볼 새라 조심스레 물을 한 모금 삼켰다. 남은 물을 가방에 숨기고는 아무 일 없었다는 듯 가던 길을 계속 갔다.

바삐 발걸음을 옮기며 사람들을 흘깃흘깃 살펴보니, 현지인들은 오히려 거침없는 모습이었다. 가게에서 빵과 우유를 사 들고 나와 거리낌 없이 먹는 청년은 라마단에 대해 무심해 보였다. 홍차를 마시며 손님을 기다리는 택시기사의 얼굴에서는 금식으로 인한 목마름보다 밥벌이의 고단함이 읽혔다. 세속화된 이란에서는 라마단 때도 경제활동이 계속되고, 금식은 사실상 선택의 차원으로 치환되었다. 대놓고 드러낸다기보다, 다들 암묵적으로 용인해 주는 분위기다. 하지만 경제 제재의 위협은 이란인들의 삶을 더욱 팍팍하게 만들고 있었다.

이란에서 웬만한 지방 도시를 다녀오려면 비행기를 타는 수밖에 없다. 자국 내 여객과 화물 수요를 반영하듯 이란에는 15개가 넘는 항공사가 서비스를 제공하고 있다. 그런데 하나같이 낡은 비행기다. 평균 사용연수가 22년을 넘는다. 언뜻 보기에도 매우 낡은 항공기가 아직도 퇴역하지 못한 채 승객을 태워 나른다. 주행거리가 짧고 운항횟수가 많은 국내선은 연착, 연발이 일상이며, 항공기 부품을 제대로 들여오지 못한 까닭에 크고 작은 사고가 자주 난다.

이란에서 비행기를 타는 것은 위험을 내재화하는 일이다. 단순히 리스크를 감수하는 차원을 넘어서 언제든 예기된 사고가 일어날 수 있다는 의미다. 2018년 2월 중순에는 해발 4,400m 산에 아세만항공 비행기가 충돌해 탑승객 65명 전원이 사망하는 사고도 있었다. 기상 악화가 주원인으로 알려졌지만, 기체 결함 가능성도 무시할 수 없었다. 사고 여객기는 1993년 프랑스에서 생산된 기종인데, 적절한 유지보수를 받지 못한 채로 25년간 운항한 것이다. 이 사고가 나기 며칠 전에는 케슘항공 비행기의 바퀴 한쪽이 내려오지 않아 동체 착륙하는 일도 있었다. 사상자는 없었지만 큰 사고로 이어질 수 있는 아찔한 사건이었다. 이 비행기 역시 공교롭게도 1993년에 운항을 시작했다.

트럼프가 이란에 제재를 선언한 후, 지방에 갈 일이 있었다. 1박 2일로 짧게 다녀오고 싶었지만, 비행편이 마땅치 않았다. 같은 항공사를 이용하려면 최소 두 밤은 자야 했다. 고민 끝에 갈 때는 마한항공을 타고, 다음 날에 아세만항공으로 돌아오기로 했다. 비행기로 오가는 동안, 낡은 시설의 불편함보다 안전성이 떨어진다는 두려움에 자꾸만 몸을 뒤척였다. 경제 제재의 압박을 피부로 직접 느끼고 있는 셈이었다. 하지만 옆자리에 앉은 승객은 아무렇지 않다는 듯 태연하게 신문을 읽었다. 오랜 기간 경제 제재를 받아서일까. 이란인들에게는 불안마저 일상이 된 모습이었다.

2018년 6월 중순, 외국인인 나에게 유독 가혹했던 이란의 라마단도 끝이 났다. 발리에아스르 거리 곳곳에 이란 축구 국가대표팀을 응원하는 광고판이 눈에 띄었다. 라마단이 끝나면 보통 축제가 시작되는데, 이번에는 월드컵과 겹쳐서 더욱 들뜬 분위기였다.

하지만 경제 제재는 축구에까지 영향을 미쳤다. 나이키가 이란 선수들에게는 축구화를 공급할 수 없다고 선언한 것이다. 케이로스 감독은 스포츠는 정치와 무관해야 한다고 항변했지만, 나이키의 입장은 요지부동이었다. 이란 대표팀에 축구화를 후원했다가 벌금을 내게 될까 봐두려움을 느꼈던 것이다. 결국, 이란 선수들은 다른 브랜드로 신발을 바꾸거나 사비를 털어서 축구화를 구입해야만 했다.

나이키 신발을 신을 수 없게 된 굴욕이 이란 선수들을 똘똘 뭉치게했을까. 이란은 질식 수비를 뽐내며 1:0으로 모로코를 제압했다. 1998년 프랑스 월드컵에서 미국을 2:1로 이긴 후, 20년 만의 월드컵 승리였다. 이란 선수들은 모로코와 싸우면서, 미국 기업의 제재도 이겨낸 셈이다.

이란은 이제 스포츠뿐 아니라 경제에서도 미국이 부과한 제재를 버텨내야만 한다. 트럼프가 이끄는 미국은 이란을 하루빨리 붕괴되어야할 대상으로 보며 옥죄고 있다. 이란을 둘러싼 정세는 한 치 앞을 내다보지 못할 만큼 변화무쌍하지만, 이란은 언제나처럼 '저항 경제'를 내세우며 안간힘을 쓸 것이 눈에 선하다.

04
이란은
그리고 우리는

"나는 코레헤 샤르기[Koreh-e Sharghi]에서 왔다."

내가 한국 동쪽에서 왔다고 말하면 이란 사람들은 재미있다는 반응을 보였다. 대한민국인지 북한인지 더 이상 밝히고 싶지 않다는 뜻을 넌지시 드러낸 것이니 대부분 웃으면서 넘어갔다. 물론 집요한 사람도 있게 마련이다. '이스트 코리아'가 어딨냐며 정색하며 따지는 경우다. 마음의 여유가 있을 때는 '사우스 코리아'라고 솔직히 털어놓았지만, 신경이 예민할 때면 나도 오기를 부렸다.

"그래요. 남한에서 왔어요. 이제 됐어요? 그런데 당신은 살면서 한 번이라도 북한 사람 만나본 적 있나요?"

한바탕 쏘아붙이고 돌아서려는 찰나, 예상치 못한 대답이 들려온다.

"발레(그럼요)!"

그렇다. 이란에는 북한 사람이 꽤 많이 산다. 테헤란 북부 샤리아티 Shariati 지역에는 북한 대사관이 공개된 장소에 자리하고 있다. 양국이 긴밀한 수교를 유지하고 있기 때문이다. 한 번은 호텔에서 인공기를 단 북한 대사의 차량을 마주한 적도 있다. 이처럼 이란은 북한과 가까운 나라이며, 양국 모두 부시 행정부에 의한 악의 축이자 대표적 반미 국가로 군사 협력을 바탕으로 공통된 이해관계를 넓혀가고 있었다.

양국 관계의 시작은 1980년대 이란-이라크 전쟁으로 거슬러 올라간다. 1980년 9월, 이라크로부터 불시에 침공당한 이란은 이라크와 전쟁에 돌입한다. 전쟁 중 이라크군이 쏜 스커드 미사일과 사담 후세인 정권의 핵무기 개발설은 이란을 불안에 떨게 했다. 결국 후세인의 핵 야망은 좌절되었지만, 이란 국민들의 공포심까지 사라진 것은 아니었다. 1983년 이후 이란-이라크 전쟁은 팽팽한 균형을 이루며 끝없는 소모전으로 접어든다. 싸움이 장기화되면서 전쟁은 주요국의 대리전 양상으로 번졌다.

국제 사회에서 이란 편은 거의 없었다. 이집트, 사우디 같은 아랍 국가는 물론이고, 미국, 러시아, 유럽 등 강대국은 모두 이라크 편에 섰다. 이란을 전적으로 지원한 국가는 사실상 리비아, 시리아, 북한이 전부였다. 이라크가 이란에 독가스를 살포하고 스커드 미사일로 군인과 민간인 가릴 것 없이 공격하자 이란도 반격을 준비한다.

비밀리에 북한과 군사관계를 맺고, 북한에서 만든 스커드 미사일을 수입해 이라크를 향해 무차별적으로 발사하며 위기를 벗어난다. 당시 이란에게 북한은 '생명의 은인'이나 다름없는 존재였다.

이란이 북한과 군사적으로 친하다면, 우리와는 경제적으로 밀접하다. 이란은 세계에서 남북한 모두와 일정 수준 이상의 교류를 하고 있는 독특한 나라다. 이란-이라크 전쟁이 한창인 와중, 한국 건설사는 현장에서 철수하지 않고 공사를 계속했다. 이란에 가장 먼저 진출한 대림산업은 유독 커다란 피해를 입었다. 1988년 7월, 이란 캉간Kangan 지역에서 가스정유소 건설 공사를 하던 중, 이라크 전투기의 공습을 받은 것이다. 우리 노동자 13명이 사망할 정도로 사태는 심각했지만, 끝까지 남아서 시공을 마쳤다. 흔들리는 정세와 열악한 환경마저 감내하는 대한민국의 모습은 이란 사람들 마음에 감동으로 남았을 테다.

이란에서 나는 직업인이었다. 우리 기업이 이란에 와서 비즈니스 성과를 거둘 수 있도록 돕는 일이 나의 임무였다. 틈날 때마다 이란과 주변 국가를 활개 치고 다녔지만, 한순간도 나의 본분을 잊지 않으려고 노력했다. 나의 경험이 궁극적으로 한국 회사가 이란에 들어오는 데 조금이라도 도움이 될 것이라 믿었다. 나의 지식이 이란 정보가 부족한 우리나라에 단비와 같은 역할을 해야 한다는 일념도 있었다. 두려움을 떨치고 이곳저곳을 다닐 수 있었던 까닭은, 호기롭게 이런저런 글을 쓸 수 있었던 이유는 '사명감'이었다. 적어도 나 자신에게 부끄럽지 않아야 한다는 마음은 소박했지만 단단했다.

나는 이란 기업인을 만날 때마다 그들의 이야기를 듣는 데 집중했다. 특히 고위 공무원을 만나면 불만이 고조되었다. "한국은 이란에서 장사를 참 잘해 왔잖아요. 이제는 기술을 전수해 주거나 공장을 세웠으면 좋겠어요." 우리나라 회사들이 이란 투자에 인색하다는 볼멘소리였다.

현지 생산을 늘리고 싶은 이란의 희망을 십분 이해한다. 동시에 한국기업 경영진이 쉽사리 의사 결정을 하지 못하는 마음도 충분히 공감할 수 있다. 이란은 지금도 금융 제재가 유지되고 있다. 공식적으로 투자금을 보낼 마땅한 방법이 없다는 뜻이다.

이란을 둘러싼 정세는 한 치 앞을 내다보지 못할 만큼 변화무쌍하지만, 그럼에도 이란은 잠재력이 매우 큰 시장이다. 시장을 뜻하는 바자르도 결국 페르시아어에서 유래된 단어 아니던가. 이란이 시장이고, 시장이 이란이다. 위험이 큰 만큼 기회도 많다. 우선 오랜 시간 제재를 받으면서 사회 전반적으로 인프라가 낙후되었다. 그만큼 제품 수요가 많다는 의미다. 물건도 왕창 사고 기반시설을 개선하려면 무엇보다 돈이 있어야 한다. 지금은 제재에 막혀 만성 적자에 시달리고 있지만, 원유와 천연가스가 넘쳐 나는 에너지 부국 아니던가. 언제 어떻게 다시 물꼬가 트일지 모른다.

불과 2년 전, 이란 시장의 빗장이 풀리자 국제 사회의 구애가 물밀 듯이 쏟아졌다. 당시 우리나라는 이란을 '좋은 친구이자 동반자'로 일컬었다. 어려울 때 친구가 진정한 친구라고 했던가. 우리나라가 이럴수록 이란에 대한 관심의 끈을 쉽사리 놓지 않기를 간절히 바란다.

테헤란에 거주하는 한국인으로서 쉽게 접하기 힘든 이란의 입장과 현실을 많은 사람들과 공유하고 싶었다. 이제 우리는 우리의 눈으로 이란을 바라볼 때가 되었다. 미약하지만 세계를 바로 알리려는 나의 노력은 앞으로도 어디서든 계속될 것이다.

사진으로
만나는
이란

Y자를 엎어 놓은 모양의 아자디 타워.
1971년, 페르시아 제국 2500년을 기념하기 위해 건설되었다.
이슬람 혁명 당시 군중이 결집한 장소였으며, 요즘도 종종 집회가 열린다.

1	3
2	

1. 테헤란 랜드마크인 밀라드 타워에서 내려다본 테헤란 전경. 빽빽한 건물이 인상적이다.

2. 테헤란대학교 가는 길. 이란과 사막은 동의어가 아니다.

3. 이슬람 공화국 정체성을 강조하기 위해 커다란 국기를 많이 설치해 놓았다. 뒤로 보이는 테헤란 북쪽 토찰산 정상에는 5월인데도 눈이 쌓여 있다. 이란은 사계절이 뚜렷하다.

1	2
	3

1. 이슬람 혁명 당시의 구호가 벽화로 옮겨져 있다. 성조기의 미사일과 해골이 흥미롭다.

2. 2016년 1월 17일, 이란 경제 제재가 풀린 다음 날. 신문 가판대 앞 이란인들의 모습에서 기대감을 읽을 수 있다.

3. 하산 로하니 대통령의 대내외 정책을 전달하는 대형 광고판이다.

1. 테헤란 철도역. 왼쪽 벽화는 초대 최고 지도자 호메이니, 오른쪽은 현직인 하메네이다.

2. 테헤란에서 교통체증은 일상이다.

3. 이란 시내버스(BRT) 안. 여성 전용 칸이 따로 있다.

4. 타지리쉬(Tajrish)로 가는 지하철이 들어오고 있다.

5. 택시가 가장 보편적인 교통수단이다. 공식 택시인 노란색, 초록색 말고도 종류가 많다.

6. 심사대를 막 통과한 이란인들의 모습. 분명 두 여성은 비행기에서 내리기 직전 황급히 히잡을 둘러썼을 것이다.

1	1. 2016년 10월 아슈라에 열린 한-이란 월드컵 최종 예선. 애도 기간이라 모든 관중이 검은 복장을 하고 관중석에 앉아 있다.
2	2. 아시아를 대표하는 더비(Derby) 중 하나인 에스테글랄과 페르세폴리스 경기 현장. 웬만한 경기는 운동장이 꽉 들어 찰 정도로 축구 열기가 뜨겁다.

1. 테헤란에서 가장 맛있는 테헤란 프라이드 치킨(TFC). 우리와 마찬가지로 오토바이 배달이 일상적이다.

2. KFC 간판을 건 식당. 상표법과 저작권법이 발달하지 않아서인지 대놓고 외국 브랜드를 도용하는 경우가 많다.

3, 4. 스타벅스가 절로 떠오르는 라이스(Raees) 커피. 용기 만드는 기술이 떨어져 투명 플라스틱 컵에 상표를 스티커로 붙였다.

1	
2	3

1, 2. 테헤란 북부에 있는 이맘자데 살레(Imamzadeh Saleh) 모스크. 시아파 이슬람의 성지이다. 여성은 외국인이라도 하얀 천으로 온몸을 가려야 입장할 수 있다.

3. 테헤란 북부 경제·상업 중심지인 타지리쉬 광장.

1. 전통시장인 바자르. 외국인은 이란 상인을 상대하기가 녹록잖다. 괜히 페르시아 상인의 후예가 아닌 셈.

2. 오랜 경제 제재를 버틸 수 있는 비결이 사진에 있다. 농업 발달로 자급자족할 수 있기 때문.

3. 좁은 통로를 따라 상점이 늘어선 탓에 바자르는 늘 붐빈다.

<table>
<tr><td>1</td><td>1. 이란의 문화수도 에스파한을 대표하는 씨오쎄 다리. 다리에 아치가 33개라 페르시아어로 '33'을 뜻하는 씨오쎄(Si-o-Seh)로 이름 붙였다.</td></tr>
</table>

1. 이란의 문화수도 에스파한을 대표하는 씨오쎄 다리. 다리에 아치가 33개라 페르시아어로 '33'을 뜻하는 씨오쎄(Si-o-Seh)로 이름 붙였다.

2. 씨오쎄 다리 아래. 자안데 강은 오랜 가뭄으로 바짝 말라붙었다.

1	
2	3
	4

1. 고대 페르시아의 중심인 쉬라즈. 광활한 풍경이 과거 페르시아 제국의 영광을 보여 주는 것 같다.

2. 쉬라즈에는 이란의 시성 하페즈의 묘가 있다.

3. 쉬라즈 인근의 낙쉐 로스탐(Naghsh-e Rostam). 페르시아 아케메네스 왕조의 무덤이다.

4. 낙쉐 로스탐 앞에는 조로아스터교 신전으로 추정되는 구조물이 있다.

| 1 | 1. 테헤란 위성도시 카라지에 있는 사이파(Saipa) 공장. 기아자동차의 세라토 부품을 들여와서 현지에서 조립 생산한다. |
| 2 | 2. 테헤란 북쪽에 있는 멜라트(Mellat) 공원. 가족주의 문화가 강하고 유흥거리가 발달하지 않은 탓에 사람들은 주로 공원으로 나와서 시간을 보낸다. |

1

1. 테헤란을 대표하는 고급 호텔 아자디(Azadi). 혁명 전에는 미국계인 하얏트가 소유했지만, 지금은 국영 파르시안 그룹이 운영하고 있다.

2

2. 테헤란 중심에 있는 좀후리(Jomhuri) 거리. 전자제품 상가와 사설 환전소가 몰려 있다. 경제 제재에도 사람들 표정에서 활기가 넘친다.

어느 세계시민의
자발적 이란 표류기

ⓒ김욱진 2018

초판1쇄 인쇄 2018년 10월 10일
초판1쇄 발행 2018년 10월 24일

지은이 김욱진 oogiek@naver.com

펴낸이 김재룡
펴낸곳 도서출판 슬로래빗

출판등록 2014년 7월 15일 제25100-2014-000043호
주소 (139-806) 서울시 노원구 동일로183길 34, 1504호
전화 02-6224-6779
팩스 02-6442-0859
e-mail slowrabbitco@naver.com
블로그 slowrabbitco.blog.me
포스트 post.naver.com/slowrabbitco
인스타그램 instagram.com/slowrabbitco

기획 강보경   편집 김가인   디자인 변영은 miyo_b@naver.com

값 14,000원
ISBN 979-11-86494-44-8 03300

「이 도서의 국립중앙도서관 출판시도서목록(CIP)은 시지정보유통지원시스템
홈페이지(http://seoji.nl.go.kr)와 국가자료공동목록시스템(http://www.nl.go.kr/
kolisnet)에서 이용하실 수 있습니다. (CIP제어번호 : CIP2018031710)」